**Você pode
ser livre
onde estiver**

Jack Kornfield

Você pode ser livre onde estiver

Apesar das circunstâncias difíceis, apesar
dos tempos incertos, lembre-se:
ninguém pode aprisionar
o seu espírito

Título original: *No Time Like the Present*
Copyright © 2017 por Jack Kornfield, PhD
Copyright da tradução © 2020 por GMT Editores Ltda.

Publicado mediante acordo com a Atria Books,
uma divisão da Simon & Schuster, Inc.
Todos os direitos reservados. Nenhuma parte deste livro pode ser utilizada ou reproduzida sob quaisquer meios existentes sem autorização por escrito dos editores.

tradução: Débora Chaves
preparo de originais: Sibelle Pedral
revisão: Luis Américo Costa e Tereza da Rocha
diagramação: Ana Paula Daudt Brandão
capa: Luciana Facchini
impressão e acabamento: Cromosete Gráfica e Editora Ltda.

CIP-BRASIL. CATALOGAÇÃO NA PUBLICAÇÃO
SINDICATO NACIONAL DOS EDITORES DE LIVROS, RJ

K87v   Kornfield, Jack, 1945-
    Você pode ser livre onde estiver/ Jack Kornfield; tradução de Débora Chaves. Rio de Janeiro: Sextante, 2020.
    256 p.; 16 x 23 cm.

    Tradução de: No time like the present
    ISBN 978-85-431-0995-4

    1. Atenção plena (Psicologia). 2. Meditação. I. Chaves, Débora. II. Título.

20-64283   CDD: 153.733
                                            CDU: 159.952

Todos os direitos reservados, no Brasil, por
GMT Editores Ltda.
Rua Voluntários da Pátria, 45 – Gr. 1.404 – Botafogo
22270-000 – Rio de Janeiro – RJ
Tel.: (21) 2538-4100 – Fax: (21) 2286-9244
E-mail: atendimento@sextante.com.br
www.sextante.com.br

A Irv,
meu irmão gêmeo aventureiro,
amante da vida
e dono de um espírito indomável

*Um pássaro não canta porque tem respostas;
canta porque tem uma canção.*
– JOAN WALSH ANGLUND

Sumário

Um convite à liberdade   11

Parte Um
Liberdade de espírito

Capítulo 1   A imensidão é a nossa casa   17

Capítulo 2   Livre para amar   27

Capítulo 3   Confiando no Universo vivo   45

Capítulo 4   O eterno presente   61

Parte Dois
Obstáculos à liberdade

Capítulo 5   O medo da liberdade   79

Capítulo 6   Perdão   95

Capítulo 7   Livre das emoções incômodas   109

Parte Três
Entendendo a liberdade

Capítulo 8   A elegância da imperfeição   127

Capítulo 9   O dom de uma mente aberta   141

Capítulo 10   O dom da autenticidade   155

Capítulo 11   Livre para sonhar   169

Parte Quatro
Liberdade de viver

Capítulo 12   Colocando em prática seus talentos   183

Capítulo 13   Liberdade em tempos difíceis   197

Capítulo 14   Vivendo no mistério   215

Capítulo 15   A alegria de estar vivo   237

Agradecimentos e reverências de gratidão   251

Um convite à liberdade

Queridos amigos, depois de mais de 40 anos falando sobre atenção plena e compaixão a milhares de pessoas no caminho espiritual, a mensagem mais importante que posso oferecer é a seguinte: *Você não precisa esperar para ser livre. Você não precisa adiar a felicidade.*

Muitas vezes, as práticas de atenção plena e de compaixão se misturam com uma visão de autodisciplina e responsabilidade. Nós as vemos como se estivessem nos conduzindo por uma longa estrada cheia de obstáculos que nos levará, em última instância, a benefícios distantes. Sim, há um trabalho árduo do coração e ciclos exigentes em nossa vida. Ainda assim, onde quer que você esteja em sua jornada, existe outra verdade maravilhosa chamada "Provando os frutos" ou "Experimentando o resultado". Os frutos do bem-estar e da experiência de alegria, liberdade e amor estão disponíveis agora, seja qual for o seu momento de vida!

Quando Nelson Mandela saiu da prisão na ilha Robben após 27 anos de encarceramento, ele o fez com tamanhas dignidade, generosidade e clemência que sua mentalidade transformou a África do Sul e inspirou o mundo. Como Mandela, você pode ser livre e digno onde quer que esteja. Apesar das circunstâncias difíceis, apesar dos tempos incertos, lembre-se: a liberdade não é um privilégio de pessoas extraordinárias. Ninguém pode aprisionar o seu espírito.

Quando seu chefe chama e você fica com medo ou ansioso; quando um familiar vive um conflito ou está sob pressão; quando você se sente sobrecarregado pelos crescentes problemas do mundo – em todas essas circunstâncias, você tem escolha. Você pode se deixar limitar ou constranger, ou pode usar as dificuldades para se abrir e descobrir como reagir com inteligência aos desdobramentos desta jornada. Às vezes a vida torna tudo mais fácil; outras vezes ela é desafiadora e muito difícil. Às vezes a sociedade ao nosso redor está transtornada. Seja qual for o seu momento, você pode respirar, suavizar o olhar e lembrar que a coragem e a liberdade estão dentro de você, esperando que você desperte e as ofereça aos outros. Mesmo nas condições mais adversas, a liberdade de espírito está disponível. A liberdade de espírito é misteriosa, maravilhosa e simples. Aconteça o que acontecer, somos livres e capazes de amar nesta vida.

No fundo, sabemos que isso é verdade. Compreendemos essa verdade sempre que nos sentimos parte de algo maior – escutando música, fazendo amor, caminhando nas montanhas, nadando no mar, presenciando o mistério de um ente querido que se vai enquanto seu espírito deixa o corpo silenciosamente como uma estrela cadente ou testemunhando o nascimento milagroso de uma criança. Em momentos assim, uma alegre receptividade inunda o nosso corpo e nosso coração fica em paz.

A liberdade começa onde estamos. Sara, uma mãe solteira com dois filhos, descobriu que sua filha de 8 anos, Alicia, tinha leucemia. Sara ficou apavorada, ansiosa, sofrendo por causa do problema de saúde da menina e com medo de perdê-la. No primeiro ano, Alicia passou por longos ciclos de quimioterapia, internações em hospitais e consultas médicas. Uma grande tristeza tomou conta da casa e a ansiedade invadiu os dias de Sara. Então, uma tarde, quando as duas saíram para passear, Alicia disse: "Mamãe, não sei quanto tempo eu vou viver, mas quero que sejam dias felizes."

As palavras da filha fizeram Sara despertar. Ela percebeu que precisava se desligar daquele melodrama lacrimoso para se sentir de novo confiante e satisfazer a liberdade de espírito da menina. Sara a abraçou e dançou uma valsa com ela, apertando-a junto a seu corpo. Seu medo desapareceu e, com o tempo, Alicia ficou curada. No momento em que escrevo este livro, ela está com 22 anos e acabou de se formar na faculdade.

Mesmo que ela não tivesse se curado, que tipo de vida Sara teria permitido que a filha escolhesse? Você não pode fazer muita coisa de sua vida se estiver infeliz. E pode também ser feliz.

Quando eu tinha 8 anos, em um dia de inverno especialmente ventoso, meus irmãos e eu vestimos casaco, cachecol e luvas e saímos para brincar na neve. Eu era magro como um palito e tremia de frio. Meu irmão gêmeo, Irv, mais forte, inquieto e vigoroso, olhou para mim, todo encolhido e medroso, e riu. Então ele começou a tirar as camadas de roupa, primeiro as luvas e depois o casaco, o suéter e a camiseta, tudo isso sem parar de rir. Ele dançou e desfilou seminu pela neve, o vento gelado nos castigando. Todos olhávamos com os olhos arregalados, rindo histericamente.

Naquele momento, meu irmão me ensinou algo sobre a escolha da liberdade, manifestando uma coragem que ficou gravada na minha memória. Queremos ser livres mesmo em meio a uma tempestade de neve com vento forte ou sentindo o vento frio da perda, da culpa ou de nossa insegurança coletiva. Queremos nos livrar do medo e da preocupação, sem nos prendermos a julgamentos. Nós podemos. Nós queremos aprender a confiar, a amar, a nos expressar e a ser felizes.

À medida que descobrimos a confiança e a liberdade em nós mesmos, encontramos nosso jeito de compartilhar isso com o mundo. Barbara Wiedner, que criou a organização Grandmothers for Peace (Avós para a Paz), explicou: "Comecei a questionar que tipo de mundo vou deixar para meus netos. Então recebi um sinal e fiquei em pé numa esquina. Depois me juntei a outras pessoas e formamos uma barreira humana diante de uma fábrica de munições. Fui presa, revistada e jogada numa cela. Mas entendi que eles não podiam fazer nada além daquilo. Eu era livre!" Atualmente, a organização de Barbara atua em dezenas de países no mundo todo.

Essa mesma liberdade também está aqui para você. Cada capítulo deste livro é um convite a experimentar uma dimensão especial desse sentimento – começamos no nível pessoal, com liberdade de espírito, liberdade de recomeçar, liberdade de ir além do medo e liberdade de ser você mesmo, e depois descobrimos a liberdade de amar, de defender o que importa e de ser feliz. Há histórias, reflexões e práticas que esclarecem o que aprisiona e como se libertar. Não se trata de um livro que você lê apenas para se sentir melhor por um tempo e depois guarda na estante. Descobrir a liberdade é um processo ativo que envolve inteiramente sua vida, seu intelecto e seu coração. Os meios e o objetivo são um só: ser você mesmo, sonhar, confiar, ter coragem e agir.

Você pode escolher o seu espírito. Liberdade, Amor e Alegria lhe pertencem, fazem parte da sua vida, do seu momento específico. São seu direito inato.

Jack Kornfield
Centro de Meditação Spirit Rock
Primavera de 2017

Parte Um

Liberdade de espírito

O que você planeja fazer com esta vida fantástica e preciosa?
– Mary Oliver

Capítulo 1
A imensidão é a nossa casa

*Às vezes, quando sou conduzido o tempo todo por
fortes ventos no céu, sinto pena de mim mesmo.*
– DITADO OJIBWA

Somos viajantes em uma estrela luminosa, compartilhando a dança da vida com 7 bilhões de seres como nós. A vastidão é a nossa casa.

Quando reconhecemos a imensidão do Universo, que está ao nosso redor e dentro de nós, a porta da liberdade se abre. Preocupações e conflitos são postos em perspectiva, as emoções são controladas com facilidade e agimos com paz e dignidade em meio aos problemas do mundo.

A dança da liberdade

Whitney foi atingida pelos problemas da meia-idade. A cirurgia de quadril de sua mãe foi marcada e seu pai estava no primeiro estágio da doença de Alzheimer. Ela queria que os pais continuassem morando na casa da família, em Illinois, mas as limitações deles tornaram a vida independente um desafio. O irmão de Whitney, que morava em St. Louis, não se envolveu. Queria que a irmã "resolvesse aquilo". Portanto, Whitney tirou um mês de licença no trabalho e foi para a casa dos pais ajudar. Quando chegou, encontrou uma bagunça total. A mãe tinha uma longa recuperação da cirurgia pela frente e o pai era incapaz de se cuidar sozinho. Eles não podiam pagar pelos serviços de cuidadores em tempo integral e estava claro que teriam que se mudar dali.

Whitney caminhou até uma colina próxima que conhecia desde criança. Ela preferia que os pais ficassem lá até o fim. Mas a verdade é que ela não queria perder os pais. Chorou enquanto caminhava, mas quando chegou ao topo da colina sentou-se em silêncio, acalmou-se e contemplou os vastos campos que se estendiam até o horizonte. Nuvens negras faziam sombra sobre as várias casinhas aglomeradas nas cercanias da cidade e além.

Olhando para essa imensidão, ela subitamente se sentiu solitária. Whitney sabia que tudo tem seu ritmo – chegar e partir, florescer e lutar, surgir e desaparecer. *Quantas pessoas*, ela se perguntou, *passam por situações tão difíceis quanto esta que estamos enfrentando agora?* Quando sua respiração se acalmou, sua mente se abriu um pouco mais. *Não sou a única pessoa com pais idosos. Faz parte da jornada humana.* Conforme o espaço dentro dela se ampliava, Whitney sentiu-se mais confiante.

Todos nós podemos ver as coisas dessa forma. É possível ter uma perspectiva mais ampla. Um coração generoso consegue se lembrar do cenário mais amplo. Mesmo quando a doença se impõe, um familiar está morrendo ou ocorre qualquer outro tipo de perda, podemos reconhecer que isso faz parte de uma fase da vida.

Como seria a sensação de amar todas as coisas – tornar nosso amor maior do que nossas tristezas? Entre as multidões de seres humanos, muitos estão vivenciando perdas e mudanças. Muitos precisam de renovação. Ainda assim, o mundo continua girando, os fazendeiros cultivando alimentos, os mercados negociando, os músicos tocando seus instrumentos. Vivemos em meio a um enorme paradoxo sempre em mutação.

Respire. Relaxe. Viva um dia de cada vez.

Aquele que sabe

Quando seu coração generoso se abre, você pode redescobrir a vasta perspectiva da qual tinha se esquecido. O coração generoso revela a mente generosa. Essa é a mente que faz você enfim sorrir depois de dar uma topada, pular e gritar de dor. A mente que, no dia seguinte a uma briga com seu parceiro, oferece um novo ponto de vista para aquilo que parecia tão importante.

Sua mente generosa é a consciência natural que tudo sabe e tudo acomoda. Meu professor de meditação nas florestas da Tailândia, Ajahn Chah, chamava-a de "Aquela que sabe". Ele disse que essa é a natureza original da mente, a testemunha silenciosa, a consciência generosa. As instruções são simples: torne-se testemunha de tudo isso, a pessoa com perspectiva, Aquela que sabe.

Preste atenção no filme exibido na sua vida agora. Observe o enredo. Pode ser uma aventura, uma tragédia, um romance, uma novela ou uma batalha. "O mundo inteiro é um palco", escreveu Shakespeare. Às vezes você está envolvido na trama, mas lembre-se de que você também é o público. Respire. Olhe ao redor. Torne-se testemunha de tudo isso, a pessoa com perspectiva, Aquela que sabe.

Sentei ao lado da cama de uma mulher com câncer no pâncreas em seus últimos dias de vida. Ela tinha apenas 31 anos. Nós nos olhamos e as barreiras simplesmente se desfizeram. Seu corpo magro, seu gênero, suas realizações poéticas, sua família e seus amigos. Fui abençoado por ser uma testemunha de seu espírito. "Como estão as coisas?", perguntei, com grande ternura. "Parece que esta encarnação vai acabar em breve. Tudo bem. Morrer é natural, você sabe." O que o olhar profundamente expressivo dela me devolveu foi a imensidão, a ternura e uma liberdade atemporal.

Confie na consciência generosa e sinta a presença do amor. Aquele que sabe se torna a testemunha amorosa de todas as coisas. Você se torna a própria consciência amorosa. A liberdade da consciência amorosa está disponível. Ela só exige treino para que você se lembre dela e confie em sua onipresença. Quando você se sentir perdido, preso em um canto do quadro mais amplo, limitado ou aprisionado, respire fundo e imagine-se dando um passo para trás. Com a mente generosa, você pode testemunhar até esses estados restritos e mantê-los em amorosa consciência.

Relaxe. Com a consciência amorosa, você pode observar seus sentimentos, seus pensamentos, suas circunstâncias. Agora. Mesmo enquanto você lê este livro, observe aquele que está lendo e sorria para ele com a consciência amorosa. Inicie cada manhã com a consciência amorosa. Entre em harmonia com o espaço ao seu redor, com o espaço exterior e com a paisagem ampla que se espalha pelo continente. Sinta a vastidão do céu e do espaço que abriga a Lua, os planetas e as galáxias.

Deixe que sua mente e seu coração *se tornem* o espaço. Respire em seu coração. Observe as nuvens flutuando no céu infinito e se torne o céu. As nuvens não estão apenas no exterior, elas também flutuam dentro de você. Sinta a natureza, as árvores, as montanhas e os edifícios, tudo desabrochando em seu coração. Abra-se, incorpore-se ao espaço com amor. Relaxe e confie na imensidão que o rodeia, na imensidão que é você. Perceba quão vasta a consciência amorosa pode ser.

Como Aquele que sabe, presencie o que se passa ao seu redor e permita que a consciência amorosa abra espaço para tudo: tédio e excitação, medo e confiança, prazer e dor, nascimento e morte.

Silêncio sagrado

Quando você entra em um bosque sombreado de sequoias gigantes ou em uma grande catedral, uma tranquilidade sagrada se instala. Quando a imensidão se abre dentro de você, é possível sentir um silêncio profundo em seu ser. Você pode ficar nervoso no início e ao mesmo tempo ansiar por isso. Esse é o silêncio que circunda a vida. Confie nele e mantenha-se calmo. Sinta seu coração se abrir e ficar mais vivo. Tudo que surge desse silêncio é apenas uma nuvem no céu imenso, uma onda no oceano. Confie na força do silêncio.

A amplitude é a natureza da consciência. Se você a encarar, descobrirá que a mente é translúcida, vasta e sem limites, que o seu coração é tão amplo quanto o mundo. À medida que você se abre para essa imensidão, pode permitir que as ondas da vida se elevem e passem. Em silêncio, verá o mistério originando a vida, os pensamentos, os sentimentos e as percepções dos sentidos. As ondas do mundo vêm e vão, se expandem e se contraem; o coração bate, o fluido cefalorraquidiano pulsa e há ritmos que mudam de acordo com as fases da Lua, com as estações, com os ciclos do corpo feminino, com as órbitas das galáxias e até com o mercado de ações.

Comece a observar que há intervalos entre as ondas e entre as respirações e os pensamentos. Inicialmente, eles parecem fugazes, mas com o tempo você conseguirá confiar nessas pausas. À medida que as ondas se elevam e quebram, você *se torna* a própria consciência amorosa silenciosa. Esse silêncio não significa afastamento, indiferença ou punição. Nem ausência de pensamentos. Ele é uma quietude afetuosa, refrescante e generosa por meio da qual você pode aprender, escutar e observar com intensidade.

Consciência amorosa

Observe como a consciência amorosa preenche o tempo e o espaço. É o mistério testemunhando a si próprio. Na consciência amorosa, o rio de pensamentos e imagens flui sem julgamento. Graças a ela, é possível experimentar o fluxo de sentimentos sem temor, sem se render ao seu encanto nem se agarrar a eles com muita força. Satisfação e ansiedade, raiva, gentileza e saudade, mesmo luto e lágrimas são bem-vindos. A consciência amorosa encoraja a alegria de maneira plena e promove o bem-estar.

Quando você se entrega à consciência amorosa, a confiança aumenta. Você acredita que o Universo regula a si próprio e confia em sua consciência para dar conta de tudo. Quando aprendi a nadar, eu era uma criança magrela de 7 anos que agitava os braços e pulava para todo lado. Um dia, quando estava boiando amparado pelo instrutor, ele simplesmente tirou as mãos de baixo de mim e eu percebi que podia flutuar. Foi mágico. Aprendi a nadar. Você pode usar o mesmo processo para aprender a confiar na consciência amorosa. Ela sempre o apoiará.

Para experimentar, tente *não* estar atento. Conte 30 segundos a partir de agora e pare de prestar atenção em todo tipo de impressão, pensamento, sentimento e assim por diante. Faça um esforço. Mesmo que você feche os olhos e tape os ouvidos, não funciona, não é mesmo? Você não consegue parar de prestar atenção. A consciência está sempre presente.

Como o peixe que não pode ver a água, você não pode ver a consciência, mas pode senti-la e, portanto, confiar nela. A consciência amorosa é acolhedora, aberta, transparente, silenciosa, vasta e sensível como um espelho. É sempre possível retornar a ela e reencontrar seu caráter atemporal, estimulante e compreensivo. A consciência amorosa vê sem possuir. Ela permite, homenageia, conecta e dança com a vida como ela é. Compreende, mas não apreende experiências ou coisas. Como explicou o escritor Steven Wright: "Eu tenho a maior coleção de conchas do mundo. Está guardada em todas as praias do planeta. Talvez você a tenha visto."

Fugindo das hienas

Na crise econômica de 2008, Benjamin, de 64 anos, perdeu mais da metade das economias que tinha reservado para a velhice. Ele e a esposa estavam em melhor situação do que aqueles que tinham hipotecas e perderam suas casas, e sabia disso; no entanto, quase adoeceu de tanta ansiedade. Ele checava o desempenho da bolsa de valores dez vezes por dia. Seus sonhos eram povoados por cenas em que ele se afogava, era caçado por hienas ou se perdia no caminho. Sua família lhe dizia para lutar contra essa obsessão, mas ele não sabia como. Em sua primeira aula de meditação, mal conseguia se sentar e ficar parado. A ansiedade desencadeava sensações físicas difíceis de suportar e sua mente não parava. Deveria sacar o dinheiro das ações que estavam em baixa? Perderia mais ainda se abandonasse um empreendimento imobiliário incerto?

Na segunda aula, propus uma meditação guiada no espaço, convidando a consciência vasta e aberta a envolver o corpo e a mente. Os alunos escutaram os sinos tibetanos na sala, além dos ruídos do tráfego distante e vozes do lado de fora, ouvindo como se a mente deles fosse tão ampla quanto o céu e todos os sons fossem nuvens flutuando nele. Essa experiência proporcionou grande alívio a Benjamin e ele comprou um CD de meditação para praticar em casa. Depois disso, quando pensamentos ansiosos o despertavam no meio da noite, ele sabia o que fazer. Adotando o espaço vasto como mantra, sua obsessão tornou-se menos intensa.

Agora ele tinha alguma perspectiva: sabia que poderia proteger o que havia restado de seu dinheiro investindo de maneira mais conservadora. Benjamin também relaxou quanto a sua pretensão de querer controlar o futuro. Livre dos pensamentos obsessivos, conseguiu fazer-se presente no seio da família, como antes.

Mudanças como a de Benjamin são possíveis para todo mundo. Todos nós nos lembramos de momentos em que nos sentimos generosos e calmos. Escutamos melhor, vemos com mais clareza, nos exercitamos com mais perspectiva. Nossa vida interior fica mais nítida graças à consciência generosa. As emoções ruins se esclarecem e sua energia se dissipa. A depressão revela sua mensagem de sofrimento, raiva e necessidades não atendidas. Histórias assustadoras, quando vistas com mais clareza, abrem-se amorosamente à libertação. A liberdade de uma mente e de um coração generosos está sempre disponível. Caminhe nessa direção. Abra-se para a imensidão sempre que puder. Torne-se o céu da consciência amorosa.

Confiar no amor

Generosidade, consciência e amor estão conectados. Frank Ostaseski, um amigo que é um dos fundadores do Zen Hospice de São Francisco, contou certa vez a história de um residente que sentia muita dor e perguntou se aprender a meditar ajudaria. Ele tinha câncer de estômago em estágio terminal. Os dois começaram a meditar levando a atenção afetuosa às sensações físicas.

Na tentativa de se abrir para essas sensações, o residente sentiu uma dor muito intensa e gritou: "Não aguento! Dói, dói, dói demais!" Frank disse a ele que tudo bem, podiam experimentar outro método; então pousou a própria mão suavemente na barriga do homem. "E assim?", ele perguntou. "Ah, isso dói demais." Frank tentou aproximar as mãos dos pés do paciente. "Melhorou um pouco", disse o homem. Frank então afastou as mãos alguns centímetros do corpo do homem e ouviu-o dizer: "Agora está ótimo."

Não se trata de uma técnica especial de trabalho corporal nem de prática esotérica. Foi apenas uma abertura de espaço. Após alguns minutos, com o rosto mais relaxado, o homem com câncer murmurou: "Ah, confie no amor, confie no amor." Depois disso, sempre que a dor piorava, ele aumentava a dose de sua bomba de morfina e repetia para si mesmo: "Confie no amor, confie no amor."

É realmente simples. Seja a dor física ou emocional, é possível transformar tudo que você permitir que seja transformado. Independentemente da situação, amplie o espaço, lembre-se da imensidão, permita o bem-estar e a noção de perspectiva. A generosidade é a porta de entrada para a liberdade. Seu coração generoso é sua verdadeira casa.

Prática
Introdução à consciência generosa

Pense numa situação de sua vida em que você se sentiu mais expansivo, sincero e amoroso. Pode ser uma caminhada nas montanhas, a observação do céu salpicado de estrelas ou o nascimento de um filho. Relembre como é a sensação da consciência generosa em seu corpo e em seu coração. Deixe a mente se aquietar. Lembre-se de como era silencioso, de quão presente você podia estar.

Agora feche os olhos. Sinta a mesma imensidão aqui e agora. Relaxe e se transforme no espaço da consciência amorosa que pode permitir a luz do Sol, as nuvens de tempestade, os relâmpagos, os elogios e as culpas, os ganhos e as perdas, as expansões e as contrações, a palavra recriando a si mesma, tudo com seu coração generoso e pacífico.

Prática

A mente como o céu

Sente-se em uma posição confortável e à vontade. Deixe seu corpo em repouso e respire naturalmente. Feche os olhos. Faça várias inspirações profundas e expire suavemente. Fique em silêncio.

Agora afaste sua consciência da respiração. Escute os sons ao seu redor. Perceba se eles são altos ou delicados, distantes ou próximos. Apenas escute. Perceba como os sons crescem e desaparecem sem deixar vestígio. Escute por um tempo, de maneira aberta e relaxada.

Enquanto você escuta, imagine que a sua mente não se limita à sua cabeça. Sinta que ela está se expandindo para ser como o céu — aberta, clara, vasta como o espaço. Não existe dentro ou fora. Permita que a consciência de sua mente se estenda em todas as direções, como o céu.

Deixe que os sons que você escuta se elevem e atravessem o céu aberto de sua mente. Relaxe nessa imensa abertura e apenas escute. Deixe o som ir e vir, distante e próximo, como as nuvens no céu vasto de sua consciência. Os sons se propagam no céu, surgindo e desaparecendo sem resistência.

Depois, à medida que você passa a confiar nessa consciência sincera, perceba como os pensamentos e as imagens também surgem e desaparecem como as nuvens. Permita que os pensamentos e as imagens cheguem e partam, sem luta ou resistência. Pensamentos agradáveis e desagradáveis, imagens, palavras e sentimentos se movimentam sem restrições no espaço da mente. Problemas, possibilidades, alegrias e tristezas vêm e vão no vasto céu aberto da mente.

Depois de um tempo, deixe essa consciência vasta perceber o corpo. Conscientize-se de como o corpo não é sólido. As sensações de respirar, do corpo flutuar e das mudanças no mesmo céu aberto da consciência. Nela, o corpo pode ser sentido como áreas flutuantes de dureza e de suavidade, de pressão e de formigamento, de calor e de frio, todas surgindo no espaço da consciência da mente. Observe também como a própria respiração se movimenta, como se fosse uma brisa. Deixe todas as experiências serem como nuvens. A respiração se move como quer. As sensações flutuam e mudam. Permita que todos os pensamentos e imagens, sentimentos e sons venham e vão, flutuando no espaço aberto e claro da consciência.

Finalmente, preste atenção na consciência. Perceba como o espaço aberto da consciência é naturalmente claro, transparente, atemporal, sem conflitos, permitindo que todas as coisas existam mas não sejam limitadas por ele. Lembre-se do céu aberto e puro de sua natureza verdadeira. Volte a ela. Confie nela. Ela é a origem.

Capítulo 2

Livre para amar

*De que serve uma mente clara se não estiver
ligada a um coração amoroso?*

Todos nós queremos amar e ser amados. O amor é a ordem natural, a atração principal, o motor das nações, as abelhas na primavera, o toque afetuoso, a primeira e a última palavra. Ele é como a gravidade, uma força misteriosa que une todas as coisas; a memória emocional de estar no útero e a unicidade antes do Big Bang. A vastidão do céu equivale à vastidão do coração.

A neurociência mostra que o amor é uma necessidade. Sua ausência prejudica não apenas indivíduos, mas também sociedades inteiras. Nosso cérebro precisa de vínculos e de carinho. A conexão emocional altera padrões neurais, afetando nosso sentido de individualidade e tornando a empatia possível. "Em alguns aspectos importantes, as pessoas não podem ser estáveis sozinhas", escreveu Thomas Lewis em *Uma teoria geral do amor*.

A amada

Toda a obra de Dante, o genial poeta dos séculos XIII e XIV, autor de *A divina comédia*, foi inspirada em um único momento de amor, e esse amor perdura. Segundo o psicanalista junguiano Robert Johnson, esse momento de amor começou quando o jovem Dante estava de pé perto da ponte Vecchio, uma graciosa estrutura medieval sobre o rio Arno, em

Florença. Foi um pouco antes do ano de 1300 que Dante avistou na ponte uma jovem chamada Beatriz. Essa imagem despertou nele uma visão que continha toda a eternidade. Dante só falou com ela algumas vezes e, logo após sua epifania, Beatriz morreu, ceifada pela praga. Dante ficou abatido com a perda, mas sua obra foi inspirada nela. Beatriz se tornou sua musa, sua *anima*, a ponte entre sua alma e o céu.

Seiscentos e cinquenta anos depois, durante a Segunda Guerra Mundial, os americanos estavam perseguindo o Exército alemão na península italiana e os alemães, em retirada, explodiam tudo por onde passavam, inclusive pontes, para retardar o avanço dos aliados. Mas ninguém queria explodir a ponte Vecchio porque Beatriz esteve nela e Dante escreveu sobre ela. Então os líderes do Exército alemão entraram em contato por rádio com os americanos e disseram que deixariam a ponte Vecchio intacta se os aliados prometessem não passar por ela. A promessa foi cumprida, a ponte manteve-se intocada e nenhum soldado ou equipamento americano cruzou-a. Foi poupada em uma guerra moderna cruel porque Beatriz tinha estado nela e o amor tinha tocado Dante.

Lembre-se dos dias em que você estava apaixonado; lembre-se de como era a sensação em um dia de primavera enfeitado por pés de açafrão e ameixeiras em flor, ou em uma noite de outono com o perfume revigorante de folhas secas; de como seu coração disparou quando você encontrou Beatriz ou Brent em pé na esquina. Se você nunca se apaixonou porque se sente afetado pela opressão ou pela dor ao seu redor, o poeta persa Rumi sugeriu: "Hoje é o dia para começar."

O amor e a consciência generosa são sua verdadeira natureza. Eles se misturam. O sábio Nisargadatta explicou essa fusão da seguinte forma: "A sabedoria diz que não sou nada. O amor diz que sou tudo." A consciência conhece cada experiência, e o amor conecta tudo. Por um tempo, você pode sucumbir ao medo e à separação. Todo mundo sucumbe. E então a consciência amorosa relembra. Ah, este é também um lugar para amar.

O amor é inclusivo, generoso e realista. O padre Greg Boyle, autor de *Tattoos on the Heart: The Power of Boundless Compassion* (Tatuagens no coração: o poder da compaixão ilimitada), escreveu sobre seu trabalho com gangues na comunidade de imigrantes de Los Angeles. Ele também é responsável pela igreja Missão Dolores, que, nos anos 1980, era um refúgio para imigrantes sem documentos. Homens recém-chegados do México e da América Central dormiam todas as noites na igreja, e mulheres e crianças, no convento. Certa manhã, alguém zangado tinha pichado os degraus da frente do edifício com as palavras IGREJA DOS CUCARACHOS, como um insulto. Triste e chateado, o padre Greg garantiu a todos que estavam dentro da igreja: "Vou pedir que alguém limpe isso depois." Esse era um dos trabalhos que os garotos egressos de gangues faziam.

Para sua surpresa, Petra Saldana, uma fiel quase sempre tranquila, levantou-se e falou a toda a congregação em termos claros: "Não limparemos essas palavras! Se existem pessoas em nossa comunidade que são desprezadas, odiadas e rejeitadas por serem *mojados* (cucarachos), então devemos orgulhosamente chamar a nós mesmos de igreja dos cucarachos."

Solidariedade. Compaixão. Amor.

As muitas faces do amor

O amor é invencível. Ele se infiltra em nossas palavras e ações de várias maneiras. Às vezes ele parece limitado, outras vezes, expansivo, mas o mistério do amor sempre consegue penetrar. Ele tem mil sabores. Há o tipo de amor que se expressa como desejo: "Amo sorvete de chocolate", "Adoraria encontrar um apartamento novo". Há o amor como troca, exercitado pelo homem de negócios: "Vou te amar se você fechar esse acordo." Há o amor romântico, o amor que escreve poesia e óperas, que cria músicas e contos da paixão. Há o amor que se apaixona, o amor obsessivo e o amor como aquele por Helena de Troia, que lançou ao mar mil navios e começou uma guerra.

Há o amor fraternal, entre irmãos. Esse amor se preocupa com os outros, como parte da família humana. Em muitas culturas, os títulos familiares são usados por todos, de políticos a ganhadores do Nobel: avô Tutu, avó Angela Merkel. Nos Estados Unidos, tia Hillary e tio Barack.

Há o amor parental por cada filho precioso, de carinho inabalável, como nas histórias de pais e mães que levantam carros e entram em edifícios em chamas para salvar seus filhos.

Há o amor devoto e há o amor divino, o amor de êxtase espiritual que cresce tão vasto quanto o oceano no momento em que você mergulha nele. E há o amor inexplicável, o amor por estar vivo, o amor casado com a alegria invencível, o amor franco e transbordante, livre e natural como uma brisa de primavera.

Quando você se abre para qualquer forma de amor, os outros sentem. A neurociência chama esse fenômeno de ressonância límbica. Seus neurônios-espelho e todo o seu sistema nervoso estão constantemente em sintonia com os daqueles ao seu redor, e o amor é transmissível. Nós o pegamos de outra pessoa. O amor permeia a atividade e muda todas as coisas. Certa vez perguntaram a Neem Karoli Baba como se alcança a iluminação. "Amando as pessoas", foi sua resposta. "Ame e cuide das pessoas."

O doutor Jerry Flaxstead descreveu sua repulsa inicial por um paciente chamado Frank, um morador de rua zangado e obeso que tinha diabetes, vivia sujo e com feridas abertas e apodrecidas nas pernas. Quando não tomava seus remédios psiquiátricos, Frank agitava os braços freneticamente e lançava maldições e pragas a quem estivesse ao seu redor. Frank foi internado várias vezes no hospital. Para o Dr. Flaxstead, era um paciente difícil de ser amado.

Um dia, Frank foi levado para o Hospital Richmond com insuficiência cardíaca congestiva. O diagnóstico era sério, e o Dr. Flaxstead cuidou dele da melhor forma que pôde. Então chegaram vinte integrantes da casa de repouso ligada à igreja do bairro, onde Frank às vezes se abrigava. Trouxeram flores e comida caseira, cantaram e entoaram hinos, em um coro de cuidado e de comunhão. Quando o Dr. Flaxstead voltou ao quarto de Frank depois de atender outro paciente na enfermaria, encontrou-o sorrindo, inundado pelo amor das pessoas. O médico percebeu, então, que nunca tinha visto Frank de verdade.

Virtude e angústia

Independentemente de onde estejamos, é possível ver o mundo pelos olhos do amor. Sem amor, tudo é restrito, quando não, falso. Com amor, estamos na presença de todos os mistérios da vida. Podemos segurar um damasco dourado, uma luva usada de beisebol, a foto de uma criança ou uma xícara velha trincada e nosso amor pode transbordar. Ao pegar uma pedra, sentimos a montanha inteira. Um pinheiro se transforma em uma manifestação de amor da própria Terra. Se o amor está presente em nós, o mundo retribui o nosso olhar, radiante e pleno de bênçãos.

Quando Bill Moyers estava filmando a série da PBS *On Our Own Terms* (Em nossos próprios termos), sobre a morte e o morrer, ele tinha uma preocupação: alguns membros de sua jovem equipe nunca haviam estado perto da morte. Portanto, ele pediu que Frank Ostaseski, criador do Zen Hospice, se encontrasse com a equipe e descrevesse os estágios da morte e as pessoas que eles filmariam. Para humanizar o trabalho, Frank trouxe fotos em preto e branco, no tamanho oito por dez, dos pacientes que haviam passado pelo Zen Hospice ao longo dos anos. A equipe contemplou as imagens em silêncio, fitando o rosto doce de cada indivíduo à beira da morte. Cinco minutos depois, Frank pediu que passassem a foto para a pessoa ao lado e eles não conseguiram. Cada um deles tinha se apaixonado pela pessoa na foto em suas mãos.

O coração humano anseia por amar e ser amado, ainda que muitas vezes estejamos temerosos. Fomos magoados, traídos, abandonados, mal interpretados, perseguidos, excluídos, e nossa história de amor tornou-se uma história de fantasmas. Os fantasmas da perda e da dor nos assombram, alertando para resguardarmos nossos sentimentos e colocarmos um escudo de proteção contra mais perdas e rejeições. A rejeição é uma das experiências mais difíceis de suportar, pois ela toca nossas dores mais básicas de abandono, ecoando a crença equivocada que há algo errado em nós, que não temos valor, não somos atraentes e ninguém nos amará. Seja qual for a ferida – trauma familiar, abuso ou negligência no seio de uma família sobrecarregada ou de uma instituição desnaturada –, podemos desenvolver o medo de amar. Temos dificuldade para nos abrirmos para o amor, mesmo por nós mesmos. Ainda assim, cada um de nós é um ser misterioso, único e incrível, totalmente digno de ser amado.

Como a rejeição, o medo de morrer ou o medo do desconhecido também podem bloquear o amor. Ficamos apegados a uma casca protetora, a um pequeno senso de individualidade que deseja estar seguro, controlar a vida. Fingimos não estar vulneráveis, mas isso é uma ilusão. Estamos encarnados em um corpo delicado, interligados à comunidade da vida. Nossos sentidos evoluíram para estar em sintonia perfeita com o mundo em constante transformação, às voltas com prazer e dor, doce e amargo, ganho e perda. O amor e a liberdade nos convidam a buscar a dimensão total deste mundo. Eles oferecem os dons de um coração grande o suficiente para acumular experiência, flexível e vulnerável, porém centrado.

"Em última análise, é com a sua vulnerabilidade que você conta", escreveu o poeta Rilke. Nascemos e crescemos sob os cuidados de outras pessoas, e morreremos da mesma forma. No tempo em que estamos aqui, dependemos da teia da vida. Nós nos alimentamos com a produção dos campos verdejantes dos agricultores, confiamos que os outros motoristas permanecerão no seu lado da estrada, acreditamos na qualidade da água da empresa fornecedora e nos serviços públicos, nos engenheiros elétricos, nos professores e nos bombeiros que cuidam de nossa vida. Madre Teresa dizia: "Se não temos paz, é porque esquecemos que pertencemos uns aos outros." Quando honramos nossa vulnerabilidade e nossa dependência da vida comunitária, nos abrimos para o amor.

Sim, você foi magoado e abandonado. Mas descobriu um jeito de sobreviver a seu passado traumático e a porta da prisão foi destrancada. Você pode sair a qualquer momento. Por quanto tempo manterá seu coração fechado? Por quanto tempo dará as costas ao amor? Qualquer coisa que bloqueie seu amor é, no fim, irreal. Ouça o conselho de W. H. Auden e aprenda a "amar o vizinho desonesto com seu próprio coração desonesto". Tenha coragem. Vigie os políticos, cuide da comunidade onde vive, mas não se esqueça de que, no fim, é o seu amor o que mais importa. O amor é sua porta de entrada para a liberdade e a sua última palavra.

Responda com amor

Ismael e Bridgit se conheceram na Indonésia e se apaixonaram. Ela trabalhava para uma organização não governamental internacional e ele tinha acabado de voltar dos Estados Unidos, onde fora estudar. Ambos se dedicavam à educação de crianças no interior. Ismael vinha de uma família com negócios prósperos em Cingapura e Bruxelas, um clã muçulmano sunita, bem-educado e devoto. Bridgit foi criada no estilo moderno europeu, e os pais de Ismael se horrorizaram quando viram pela primeira vez fotos dela em um vestido sem mangas. Queriam que o filho se casasse com a pessoa que, na opinião deles, atrairia felicidade e sucesso e garantiria o futuro da família. Como em uma peça de Shakespeare, os pais de Ismael fizeram tudo que podiam para acabar com o relacionamento, ameaçando cortar dinheiro e acusando o filho de trair seus familiares. "Eles tentaram nos impedir de amar um ao outro", explicou Bridgit. "Tudo que queríamos fazer era colocar mais amor no mundo."

Uma noite, em Londres, ela e Ismael olharam-se intensamente e relembraram o medo e o sofrimento provocados pela família dele. Os dois tomaram chá, saíram para uma caminhada sob as estrelas, abraçaram-se e perceberam que não havia nada de errado. Pela primeira vez, compreenderam que não estavam presos a opiniões externas nem ao julgamento dos outros. Tudo mais – a ignorância e os medos da família – era supérfluo. "No fundo, nós sabíamos que tínhamos permissão para amar, que estávamos certos em amar." Eles contemplaram seus corações e decidiram responder com amor.

Casaram-se em uma capela na Escócia e os pais de Ismael compareceram. Eles entenderam que, apesar de tudo, seu filho continuaria sendo seu filho. O padre leu uma passagem do Corão, o livro sagrado dos muçulmanos, sobre o amor e a misericórdia, e todos começaram a chorar. Era um Admirável Mundo Novo e Ismael e Bridgit sabiam que eram livres para amar. Tiveram dois filhos lindos e, quando este livro foi escrito, trabalhavam para as Nações Unidas na África.

O brilho de seus olhos

O amor romântico pode se aprofundar se permitirmos. No começo, ele é quase como adorar um ídolo. Pode vir com idealismo, possessividade, ciúme e necessidade. As músicas, os filmes e os sonhos a dois são plenos de amor romântico e idealizado, o eros do desejo sexual. "Quero você, preciso de você, *baby, baby*." Você enxerga alguém que corresponde bastante à sua imagem interior da "pessoa desejada". Seu coração bate forte e você se entusiasma não apenas por sua aparência, seu charme e por seus pontos fortes, mas pela maneira como ela ou ele se encaixa no perfil que você quer amar. A pessoa se torna, como Beatriz para Dante, o ideal que desperta o seu coração amoroso. Você transfere seus anseios para a pessoa amada, portanto ela representa e traz estabilidade, inteligência, coragem, força e beleza. Essas qualidades também estão em você, mas nem sempre você sabe disso. Elas são inconscientes, então a pessoa amada se torna portadora das qualidades preciosas que você tem, e estar com ela faz com que você se sinta amado, completo, inteiro.

Você conhece o restante da história. Colocar a pessoa amada em um pedestal funciona por um tempo, mas aos poucos você descobre que ela tem pés de barro: arrota, expele gases, fica amuada, irritada, se afasta ou se apega, é confusa ou controladora demais. Ela se torna humana. Obviamente, você pode descartar a/o amante com quem se desiludiu e procurar outra/o melhor, mas isso pode não ter fim. Em vez disso, pense que, quando seu amor idealizado o decepcionar, nascerá entre vocês um amor mais livre. Se você e a pessoa se entenderem bem, é possível preservar e aprofundar o relacionamento, permitindo que se transforme em um amor mais completo e verdadeiro. Esse é um convite a amar além das expectativas, do apego ou da atração.

Ainda assim, a atração, o apego e as expectativas surgirão juntamente com o amor, e haverá momentos em que seu amor estará misturado com a necessidade e o medo. É nessa situação que aprendemos. Sempre que você se apega à maneira como seu parceiro (ou filho, ou qualquer pessoa) deveria ser, você produz sofrimento. Seu parceiro não quer ser controlado; ele quer ser amado, visto, aceito, quer estar presente em seu coração e ser apreciado, respeitado e abençoado por seu amor.

Você pode perguntar: se nosso amor não se baseia em atração, o que nos mantém juntos? Cuidado, compromisso e dedicação. O compromisso não diz respeito a amar a pessoa apenas quando ela faz o que você quer, atende às suas necessidades ou preenche suas ideias sobre como deve ser a vida dela. Você se compromete a amá-la pelo que ela é e se dedica ao seu desenvolvimento. Ela mudará, crescerá e explorará; às vezes fará o que você quer, às vezes não. Este é o paradoxo do amor: ele não aprisiona. O amor é generoso, vasto e livre para louvar. Amamos melhor quando abrimos mão das expectativas, assim como rezamos melhor quando não esperamos determinado resultado. Assim como recomendou T. S. Eliot: "Ensine-nos a cuidar do outro, não a nos preocuparmos com ele."

"Ter amado uma alma é como ter adicionado a vida dela à sua", disse Meher Baba. O amor verdadeiro, oferecido livremente, abençoa aquele que você ama e ao mesmo tempo liberta você. É assim o amor sincero, entregue espontaneamente, generoso, aconteça o que acontecer. Seu compromisso é amar e sua dedicação deve ser direcionada a homenagear a conexão dos corações.

Encontro com os deuses

Escritor e cirurgião formado pela Universidade de Yale, Richard Selzer contou esta história de amor:

Estou ao lado da cama onde se encontra uma mulher jovem, cujo rosto recém-operado exibe a boca torcida pela paralisia num trejeito cômico. O pequeno ramo do nervo facial responsável pelos músculos da boca foi cortado. Ela ficará assim de agora em diante. Estou certo de que, como cirurgião, segui com fervor religioso a curva de sua carne. No entanto, para remover o tumor de sua bochecha, tive que cortar o pequeno nervo. O jovem marido dela está na sala. Permanece em pé do outro lado da cama e, juntos, eles parecem se esconder à luz noturna, isolados de mim. Quem são, eu me pergunto, ele e essa boca retorcida que eu fiz, que se olham e se tocam tão generosamente, tão avidamente?

– Minha boca ficará assim para sempre? – pergunta ela.
– Sim, ficará – respondo. – É porque um nervo foi cortado.
Ela acena com a cabeça e fica em silêncio, mas o homem jovem sorri.
– Eu gosto – diz ele. – É bonitinho.

De repente, eu sei quem ele é. Entendo e baixo o olhar. Não cabe ser ousado quando se presencia um encontro com os deuses. Indiferente à minha presença, ele se inclina para beijar a boca torta da mulher, e estou tão perto que posso ver como ele torce os lábios para se ajustar aos dela, para mostrar que o beijo ainda funciona. Lembro que na antiga Grécia os deuses apareceram como mortais, então prendo a respiração e me deixo levar, maravilhado.

Desligue-se das limitações que detêm o seu amor. Não julgue. Comece onde você está. Aprecie toda forma de amor como um movimento em direção à conexão. O amor misturado com o desejo ainda está buscando a plenitude. O amor romântico abre seu coração para contemplar o outro sem medo nem julgamento. Com amor, aprenda a ver a beleza daquele que está diante de você e brilhe sobre ele. Então você poderá aprender a refletir o brilho da luz do amor também na sua direção, não de um modo narcísico e autocentrado, mas se valorizando com respeito e consideração permanentes. Ame a si mesmo.

Personificando o amor

Olhe seu lindo e misterioso corpo no espelho. Sinta crescer o amor por todo o seu corpo – seu nariz, seus olhos, seu cabelo, suas mãos, sua barriga, sua bunda, seus peitos, sua postura. Eduardo Galeano escreveu:

A igreja diz que o corpo é uma culpa.
A ciência diz que o corpo é uma máquina.

A publicidade diz que o corpo é um bom negócio.
O corpo diz: "Eu sou uma festa."

Ame estar vivo. Ame sua mente criativa, distraída e sobrecarregada de trabalho. Ame sua ansiedade, sua depressão, seu desejo e sua sabedoria. Ame sua comida, celebre sua sobrevivência e abra seus sentidos à comunhão misteriosa com a vida no momento presente.

Ame o mundo natural. Como Annie Dillard, que passou a vida caminhando pelas montanhas, "procurando as árvores com luzes", há momentos em que você vê o brilho sagrado nos choupos balançando ao vento, nos bordos outonais, nas nuvens e em suas texturas, na luz do sol perfurando o véu e iluminando as formas cotidianas como obras-primas de Michelangelo. Ame as criaturas do mundo, a teia complexa de minhocas, bactérias, abelhas e animais que vivem e morrem em um processo infindável de recriação neste fragmento de estrela resfriado. Comece em qualquer lugar. Ame cães, gatos, golfinhos, esquilos, rouxinóis, lagartos e elefantes. Ame homens e mulheres, tribos, nações, as infindáveis variedades da personalidade humana e o teatro. O amor é uma fonte sagrada que nunca se esgota. A liberdade do amor se baseia na renovação perene do próprio amor. Ela pode, na realidade, crescer. É bem simples: toda a sua vida é um currículo de amor.

Amor renovado todos os dias

Algumas pessoas aprendem a amar de modo espontâneo quando os filhos nascem. Algumas, quando seus filhos têm problemas. Outras aprendem ao se apaixonar, ao se importar com a pessoa que está ao seu lado. Às vezes você esquece – o que é totalmente humano – que o amor e a consciência se revelam por meio de sua Verdadeira Natureza. Ursula Le Guin nos relembrou: "O amor deve ser refeito todo dia, preparado e assado como pão fresco."

A neurociência reforça que o amor pode ser natural para nós, mas é também uma qualidade que pode ser desenvolvida. Como a gratidão e o perdão, ele pode ser convidado, nutrido e estimulado. Pode florescer e se expandir. Pode se tornar o nosso caminho, aconteça o que acontecer. Toda tradição espiritual importante entende isso. A música arrebatadora, a arte, a oração devocional, os rituais sagrados e as práticas contemplativas são maneiras de receber o amor. A neurociência mostra como as práticas do amor e da compaixão podem alterar o nosso sistema nervoso e aumentar o acesso a essas capacidades.

As práticas da bondade amorosa e da compaixão resgatadas do Oriente pela psicologia estão sendo adaptadas para a medicina, a educação, a psicoterapia, a resolução de conflitos, até mesmo para os negócios. Os treinamentos interiores de meditação e as orações nos sintonizam com o canal do amor. Eles nos convidam à realidade do amor repetidas vezes até o momento em que o amor inflama o nosso coração, entra, nos preenche e não podemos dizer não.

Pense naqueles que escolhem o amor neste mundo e lembre-se de que você pode estimular o seu amor e se juntar a eles. Realizar qualquer uma dessas práticas afeta profundamente a maneira como você influencia os outros. Thupten Jinpa, tradutor de Sua Santidade o Dalai Lama, conta a história de um médico de meia-idade especializado em medicina interna que participou do programa sobre bondade amorosa e compaixão que eles haviam oferecido em Stanford. O médico chegara desanimado. Tinha perdido o interesse pelo trabalho e se sentia cansado e pressionado a fazer atendimentos mais rápidos pelo sistema médico comandado pelos planos de saúde. Depois de dois meses de aulas de compaixão e bondade, ele relatou ter mudado a maneira como se apresentava, escutava e interagia com seus pacientes. As meditações da bondade amorosa e da compaixão renovaram sua sensação de conexão consigo mesmo e com as pessoas que ele tratava. Um de seus pacientes, uma idosa, perguntou: "Doutor, o senhor parece diferente, o que aconteceu? Está apaixonado ou algo desse tipo?"

A bênção do respeito

O amor traz com ele a bênção do respeito. Em um retiro para homens, Richard contou aos participantes uma história sobre quando apresentava em Los Angeles, nas tardes de domingo, um programa de rádio dedicado ao blues. Ele recebia muitas cartas, inclusive de ouvintes encarcerados nas prisões do sul da Califórnia. Uma delas foi do idoso Walter Jones, que pedia que ele tocasse os primeiros grandes músicos de blues: Blind Lemon Jefferson, Muddy Waters e Big Joe Williams. Richard dedicou parte de um programa a esses ícones do blues, anunciando que eles tinham sido pedidos pelo senhor Walter Jones, um homem que possuía claramente um enorme conhecimento sobre a história do blues. Algumas semanas depois recebeu uma nova carta de Walter, enviada da prisão, agradecendo pelo programa e pelo reconhecimento e acrescentando: "Essa foi a primeira vez que eu me lembro de ouvir meu nome mencionado com respeito."

Quando Yasim, uma refugiada de Kosovo, veio para os Estados Unidos aos 17 anos, estava desorientada e perdida, dominada pela ansiedade e a preocupação. Ela estudara tecnologia de saúde em uma faculdade comunitária e conseguira um emprego em uma clínica urbana muito procurada. As condições de trabalho no sistema de atendimento à saúde logo a deixaram muito estressada.

A jovem participou de um retiro de fim de semana e aprendeu a meditação *metta* (bondade amorosa). As meditações dela eram naturalmente visuais e cheias de cores, e Yasim conseguiu aplicar a seu trabalho essa habilidade recém-descoberta. Quando o paciente chegava, Yasim sentia a cor que o circundava e sua imaginação preenchia aquela cor com amor. Isso a ajudava a ver além do comportamento de cada paciente – suas roupas gastas, a doença ou o humor – e a mantê-lo em seu coração. No entanto, o amor-próprio revelou-se mais difícil de desenvolver. Sua família, em Kosovo, foi muito dura quando estavam tentando sobreviver, e o legado era doloroso. Yasim era indecisa, muito crítica consigo mesma, envergonhada. Quando pensava em seus amigos ou nos pacientes da clínica, cada um tinha uma cor; no entanto, quando direcionava pensamentos de amor para si mesma, encontrava apenas um buraco negro em seu coração.

Um dia, ela recebeu uma mensagem afetuosa de uma colega de trabalho. Era uma mulher por quem Yasim tinha uma paixão secreta. O bilhete encheu seu coração de ondas de bondade e uma cor dourada. Outro bilhete trouxe mais alegria. Quando Yasim meditou e tentou direcionar o *metta* para si mesma, o buraco negro se dissolveu em uma imensidão e surgiram as cores de nuvens luminosas. Ela me disse: "Amar os outros curou metade do meu coração; me sentir amada curou a outra metade." Sendo humana, Yasim teve de repetir a prática. A abertura nem sempre é duradoura. O coração se abre e fecha, e os sentimentos se dissipam. Mas agora Yasim sabe como é se sentir amada e amar a si mesma.

Confie em sua bondade. Encontre a segurança de que você precisa para abrir-se para o amor. Deixe que ele ressuscite você. Deixe que o impulso magnético conecte você com a energia vital com que nasceu. Deixe o amor aquietar você, torná-lo sensível, forte e atencioso. Deixe o amor fazê-lo dançar. Descubra o amor que é a sua casa. Viva do amor que você é.

Prática

Meditação da bondade amorosa

Sou maior do que pensei!
Eu não sabia que continha tanto amor!
— WALT WHITMAN

Comece a prática da bondade amorosa meditando por 15 ou 20 minutos num lugar tranquilo. Sente-se de maneira confortável. Deixe seu corpo descansar e seu coração se acalmar.

É melhor começar direcionando a bondade amorosa para aqueles que você ama; muitas pessoas acham difícil concentrar o amor em si mesmas. Imagine alguém que você ama muito e em relação a quem o amor virá fácil e sem complicações. Ao abrir pela primeira vez o coração, faça-o do jeito mais fácil. Você pode começar até com uma criança ou com um bicho de estimação.

Respire suavemente e repita para si mesmo os tradicionais votos de felicidades direcionados ao bem-estar:

Que você seja preenchido por amor e bondade.
Que você esteja seguro.
Que você esteja bem.
Que você esteja tranquilo e feliz.

Enquanto repete essas frases, imagine a pessoa amada envolta em amor e bondade. Ajuste as palavras e imagens para melhor abrir seu coração. Repita essas frases e intenções diversas vezes, deixando que os sentimentos penetrem seu corpo e sua mente.

Essa meditação pode, às vezes, parecer mecânica ou inadequada. Talvez provoque até sentimentos de irritação ou raiva. Se isso acontecer, é muito importante ser paciente e gentil consigo mesmo, aceitando o que surgir com um espírito de amizade e de amabilidade.

Depois de alguns minutos, imagine uma segunda pessoa fácil de amar e estenda a ela os mesmos votos de amor e bondade. Não importa se a imagem ou os sentimentos são claros ou não; apenas continue plantando as sementes de votos amorosos, repetindo as frases de maneira suave, independentemente do que vier à sua mente. Na prática da bondade amorosa, a regra é seguir o caminho que abre com mais facilidade o seu coração.

Depois de um tempo, você estará pronto para direcionar a bondade amorosa para si mesmo. Visualize ou imagine esses dois entes queridos olhando para você e repetindo os mesmos votos de felicidades. Eles também querem que você seja tocado pela bondade, que fique em segurança e bem, que seja feliz. Imagine-os falando de maneira amável com você:

Que você seja preenchido por amor e bondade.
Que você esteja seguro.
Que você esteja bem.
Que você esteja tranquilo e feliz.

Receba esses votos com gratidão. Depois de repetir algumas vezes, dirija os votos de felicidades deles para si mesmo. Talvez queira até mesmo colocar a mão no coração e dizer:

Que você seja preenchido por amor e bondade.
Que você esteja seguro.
Que você esteja bem.
Que você esteja tranquilo e feliz.

Quando tiver estabelecido um sentido de bondade amorosa para si mesmo, você poderá expandir sua meditação para incluir outras pessoas. Escolha um benfeitor — alguém que amou ou que se preocupou com você. Imagine essa pessoa e repita com atenção as mesmas frases.

Quando a bondade amorosa por seu benfeitor aumentar, você poderá incluir em sua meditação outras pessoas com as quais se preocupa. Imagine cada pessoa amada e repita as mesmas frases para evocar um sentido de bondade amorosa para cada uma. Depois de fazer isso, você poderá ampliar o círculo de amigos. Então estenda gradualmente sua meditação, passo a passo, e inclua membros da comunidade, vizinhos, pessoas de todos os lugares, animais, todos os seres, a Terra toda.

Por fim, traga as pessoas difíceis da sua vida, até mesmo seus inimigos, desejando que elas também sejam preenchidas por bondade amorosa e paz. Isso exigirá prática, mas à medida que seu coração se abrir, primeiro para os entes queridos e amigos, você descobrirá que não quer fechá-lo para ninguém.

A bondade amorosa pode ser praticada em qualquer lugar. Você pode usar essa meditação em engarrafamentos, em ônibus e em aviões. Ao praticar em silêncio essa meditação entre as pessoas, você sentirá imediatamente uma conexão maravilhosa com elas: o poder da bondade amorosa. Ela acalmará sua mente, abrirá seu coração e o manterá conectado com todos os seres.

Capítulo 3

Confiando no Universo vivo

*Você pode colher todas as flores,
mas não pode deter a primavera.*
– PABLO NERUDA

Não somos o pequeno ego que nossas preocupações acreditam que somos. Somos a vida que se renova sem parar. A esperança sabe que nada que é verdadeiro se perde. Sempre que procuro o professor Ajahn Chah para falar sobre alguma experiência que acho importante – uma febre terrível, uma meditação luminosa – ou alguma preocupação com o destino do mundo, ele sorri como um avô diante dos castelos de areia construídos pelo neto de 3 anos e me relembra o seguinte: "Se você mantém alguma expectativa, perde a sabedoria. Ela é impermanente. Seja Aquele que sabe, a testemunha de tudo. É assim que a confiança aumenta." E é assim que o amor aumenta. Confiança e amor são fundamentais.

Cuidando do nosso jardim

Maria teve um acidente vascular cerebral leve no mesmo ano em que o marido foi demitido do trabalho e seu filho começou um tratamento para curar-se do vício em metanfetamina. Ela se sentiu como o Jó bíblico. Embora recebesse um auxílio financeiro por sua condição de deficiente, tinha medo de perder a casa. Como seu professor, eu a orientara a trabalhar com as práticas da confiança e da consciência do momento presente. Ela usava um terço para focar a mente, principalmente durante os meses de reabilitação, e repetia: "Concentre-se no presente. Cure-se no presente. Tenha confiança."

Enquanto ela e o filho iam se recuperando, Maria praticava a autocura e frequentava as reuniões do Al-Anon. Depois de uma fase longa e difícil, ela se curou, o marido recuperou o trabalho e o filho completou um ano de reabilitação, limpo e sóbrio. "Sem confiança, eu nunca teria conseguido", ela revelou.

Somos parte de um vasto plano da vida em desdobramento. Quando ocorre uma perda individual ou um trauma comunitário, não se trata de um erro. Nós temos condições de enfrentar a perda com coragem. Podemos sobreviver e crescer fortes como as árvores selvagens nas cadeias montanhosas, que aguentam tempestades e tornam-se lindas. Com esperança, espalhamos nossas sementes, cuidamos delas e descobrimos que, embora não seja possível controlar o mundo, podemos sempre cuidar do jardim de nossa vida.

A confiança fortalece. Penso no pastor evangélico norueguês que trabalhou secretamente durante a Segunda Guerra Mundial salvando judeus, gays, ciganos e outros grupos ameaçados pelos nazistas. Ele foi chamado ao quartel-general da Gestapo e mandaram que se sentasse em uma cadeira de metal diante de um oficial alemão. Depois de acender uma lâmpada forte, o oficial encarregado do interrogatório tirou sua Luger do coldre e colocou a pistola sobre a mesa entre ele e o pastor. Sem um instante de hesitação, o pastor pegou sua Bíblia na mochila e a pousou sobre a mesa ao lado da Luger alemã. O oficial perguntou: "Por que você fez isso?" O pastor respondeu: "Como você colocou sua arma na mesa, eu também coloquei a minha." Confiando na correção de suas escolhas, o pastor resistiu ao longo interrogatório e, destemido, voltou para sua igreja e para seu perigoso trabalho.

Reserve um momento para refletir sobre a confiança. Como seria viver de maneira confiante e sábia, com a sensação de que as coisas vão de alguma forma funcionar, talvez não da maneira que você acha que deveriam, mas de algum modo magnífico? Observe seu corpo relaxar, seu coração se acalmar. Rumi ofereceu esta instrução: "Finja que o Universo é manipulado a seu favor." Para Gandhi, a confiança emergiu da mesma visão atemporal. "Quando eu me desespero", ele escreveu, "lembro que, ao longo da história, o caminho da verdade e do amor sempre venceu. Sim, existem assassinos e tiranos, e durante um tempo eles podem parecer invencíveis. Mas por fim sempre são derrotados. Pense nisso sempre."

Em tempos difíceis, a confiança exige uma mudança por parte do pequeno ego, o corpo do medo, para uma conexão com o que é vasto, sagrado, divino. É a confiança na grandeza do espírito humano.

Mesmo que você tenha resistido à dor da quebra de confiança, pode demorar algum tempo até que sua fé na vida seja restaurada. Mas ela pode se renovar. Lembre-se de que isso não acontece só com você. Todos fomos traídos por alguém que desprezou nossa confiança e nos prejudicou. Às vezes a traição começa em uma infância sofrida. Às vezes chega mais tarde: amantes que têm casos, parceiros de negócios que traem e roubam, membros da família brigando, estranhos que violam sua casa ou seu corpo, instituições que mentem. Essas brechas de confiança são difíceis de curar, mas é possível aprender a confiar novamente. Confiança sábia não é ingenuidade. Você pode ser confiante e proteger seu corpo, seu coração e suas posses. A confiança sábia exige discernimento, capacidade de distinguir o que é digno dela e, acima de tudo, maneiras de confiar em si mesmo.

Podemos acreditar que a alegria e o sofrimento que recebemos são aquilo de que precisamos para despertar para a liberdade. Dificuldades e perdas são a escola da confiança. Elas nos ensinam a sobreviver e proporcionam uma liberdade inabalável. Há uma força que nasce em nós, herança de milhares de gerações de antepassados, de sobreviventes que nos deram a vida. Agora é a nossa vez. Mesmo quando perdemos dinheiro, trabalho, um relacionamento ou a esperança, não é o fim. Como a grama que brota nas rachaduras das calçadas, a confiança pode crescer outra vez. Independentemente de quão perdidos ou desolados nos sintamos, algo novo nos aguarda e a vida continua.

A dança da vida

Vivemos em uma cultura que incentiva a crença de que é possível controlar tudo. Tentamos ingerir alimentos saudáveis, assistir ao canal do tempo para checar as previsões de tempestade sete dias por semana e fazemos longas filas nas verificações de segurança nos aeroportos. Porém, em última análise, ninguém pode prever doenças, tornados ou acidentes. Muito menos prever com exatidão o arco-íris, sorrisos, gestos de amor ou o tempo de uma vida. Nossos políticos promovem o medo, muitas vezes nos enganando sobre algum perigo iminente, inventando uma história assustadora após outra. Já fomos influenciados a temer os comunistas, a guerra nuclear e os gays. Agora, somos encorajados a temer os terroristas, os imigrantes e os muçulmanos.

H. L. Mencken, um jornalista muito atuante nos anos 1920, viu essa espiral de medo como algo endêmico na política. "O principal objetivo dos políticos é manter a população alarmada – e, portanto, exigindo ser guiada para a segurança –, ameaçando-a com uma série infinita de duendes, quase todos imaginários." Essa dinâmica se mantém ainda hoje. Uma enxurrada de histórias assustadoras de políticos e funcionários públicos encontra eco em nossa ansiedade subjacente.

Sim, as coisas são incertas, mas a sabedoria nos traz amor, perspectiva e capacidade de confiar. A sabedoria nos convida a viver com um coração confiante. Howard Zinn, autor do celebrado *People's History of the United States* (História do povo dos Estados Unidos), observou que "a mudança revolucionária vem como uma infindável sucessão de surpresas". Ele citou a queda da União Soviética, a transição do fascismo para a democracia na Espanha, o comunismo chinês convertendo-se ao capitalismo.

Continuo encontrando jovens que, apesar de todas as provas das coisas terríveis que acontecem, também nos dão esperança. Existem centenas de milhares de pessoas trabalhando para o bem em todos os lugares. Ter esperança em tempos difíceis não é apenas romantismo tolo. Ela se baseia no fato de que a história humana não se faz só de crueldade, mas também de compaixão, sacrifício, coragem e bondade. O que escolhermos enfati-

zar nessa complexa história determinará a nossa vida. Se optarmos por ver só o pior, nossa capacidade de ação será destruída. Se lembrarmos dos tempos e dos lugares – e há tantos – em que as pessoas se comportaram de modo magnífico, isso nos dará energia para agir e a possibilidade de mudar o curso do mundo. O futuro é uma sucessão infinita de presentes, e viver o agora como achamos que os seres humanos devem viver, desafiando tudo que é ruim ao nosso redor, é por si só uma vitória maravilhosa.

O que é verdadeiro para a coletividade é verdadeiro para cada um de nós. No pior cenário, você pode perder seu emprego ou sua casa, ficar muito doente ou passar por um divórcio difícil. No entanto, o coração ainda pode confiar, mesmo em meio a tantas dificuldades. Não se trata de uma confiança ingênua – você não está necessariamente contando com um resultado específico, como encontrar um emprego melhor ou se curar. O coração pode confiar no espírito atemporal dessa dança fantástica.

Não temos como saber como a vida vai se desenrolar. Muitas vezes um processo doloroso leva a uma circunstância inesperada mais benéfica. Às vezes isso não acontece e se torna uma lição difícil para a sua alma. É a música da vida, e tudo é viável. Com a confiança sábia, seu coração pode ser livre, não importa onde você esteja.

Confiança sábia

Quando o pai de Álvaro morreu, seus seis irmãos brigaram, dois deles lançando mão de mentiras e avareza para assumir o controle da construtora da família. Em dois anos, eles quase roubaram a herança de Álvaro. Mas os dois faziam parte daquele núcleo familiar; eram pais de queridos sobrinhos e sobrinhas. Ele os encontrava em todas as reuniões familiares – casamentos, férias, festas de aniversário. A família era a vida dele. Álvaro passou pelo choque, pela perda, pela raiva, pelo luto e pelas lágrimas. Depois de um ano, entendeu de que maneira poderia confiar novamente em seus irmãos: compreendendo que eles seriam apenas eles mesmos.

Álvaro não queria envenenar seu coração com raiva e ressentimento, então disse a seu advogado que usasse todos os meios legais para proteger sua herança. Apesar disso, não abriu mão de amar os irmãos. Ao vê-los com clareza, ele reconquistou sua autoconfiança e, mesmo enfrentando batalhas legais difíceis, aprendeu que podia cuidar de si mesmo e confiar de uma maneira diferente, mais sábia.

As formas de cura mais eficientes e as melhores terapias e meditações são sobre aprender a confiar. Essa é a verdadeira confiança. Seu filho está com problemas, seu trabalho está inseguro, você não sabe se vai ter como se virar ou é assombrado por um trauma doloroso do passado. Mas não é o fim da história.

Para trabalhar com veteranos de guerra do Iraque e do Afeganistão, e outros homens que passaram por violências e traumas, meus colegas Michael Meade, Luis Rodriguez e eu criamos retiros em uma cabana no meio de uma floresta de sequoias. Lá, os homens eram livres para dar voz a seus anseios e terrores, amores e perdas. Eles contavam suas histórias secretas e participavam de cerimônias concebidas para reinseri-los na comunidade. Em um desses retiros, programamos muitas tarefas para que os homens entrassem em contato consigo mesmos e com os outros. Eles praticavam a escrita e a poesia, atividades musicais e artes marciais. Aprenderam sobre os mitos e as músicas que pediam misericórdia, compreensão e consolo para os guerreiros – africanos, maias, irlandeses e tibetanos – que voltavam das batalhas. Toda noite, a velha cabana de madeira se iluminava com velas e os homens eram convidados a se levantar e compartilhar seus relatos.

Uma noite, TJ, o mais jovem do grupo, que pertencia a uma gangue de Los Angeles, se abriu. Com voz trêmula, ele descreveu a cena da briga entre Crips e Bloods. Falou do carro em marcha lenta que saiu do conjunto habitacional, passou atirando e matou um amigo dele na semana anterior. Quando a gangue rival começou a atirar, TJ fugiu, mas seu amigo foi mais lento, levou uma bala e morreu. Assim que pôde, TJ voltou correndo para socorrê-lo, afastando os policiais que tinham chegado à cena do crime. Após nos contar isso, ele chorou ao perguntar em voz alta se poderia ter feito algo para salvar o amigo.

Rudy, um corpulento ex-fuzileiro naval que tinha acabado de voltar do Iraque, levantou-se, colocou o braço tatuado sobre o ombro de TJ e disse: "Você fez o que tinha que fazer. Quando o tiroteio começa, é hora de se abaixar, mas nunca deixe seu amigo para trás."

Depois de um silêncio emocionado, Rudy contou suas experiências. "Não posso dizer o que vi, mas o pior é que não posso contar o que tive que fazer." Com os olhos marejados, seguiu descrevendo uma noite em Anbar em que ele estava de guarda num posto de controle durante o crepúsculo. Um grupo de iraquianos se aproximou. Ele mandou que parassem para revista, pois tinha havido homens-bombas recentemente. Um homem idoso não parou. Rudy gritou "Pare! Pare!" em inglês e em árabe, mas o homem continuou avançando na direção do portão do complexo. Rudy abriu fogo e ele caiu. As iraquianas do grupo começaram a gritar. Um tradutor disse a Rudy: "Não deu para ver que o homem era surdo?"

Rudy e TJ choraram juntos. Então, sob a luz de velas na escuridão da floresta, uma centena de homens se levantou e começou a cantar a impressionante canção dos guerreiros africanos voltando para casa. Por meia hora, eles rodearam Rudy e TJ com suas vozes fortes e melodiosas e, aos poucos, os trouxeram de volta, com a ajuda da música, para seus corpos. Hoje, Rudy trabalha em um projeto de orientação de jovens que estão deixando a vida em gangues.

Você também pode ser assombrado por traumas não resolvidos de sua vida enquanto não chegar a um acordo com eles. É possível fazer isso de várias maneiras, por meio da meditação e da terapia, da arte e da comunidade, do ritual e do tempo dedicado à cura. Aos poucos você aprende que a liberdade não significa que suas experiências dolorosas desaparecerão. Elas ficarão como as cicatrizes de batalha que decoram o corpo de um guerreiro Masai ou como as estrias na barriga de uma mulher, sinais secretos arduamente conquistados ao longo da grande jornada. Os traumas se transformam; deixam de ser uma resposta fechada ou um hábito assustador para se tornarem memória afetiva e instrutiva, o combustível para a chama da vida brilhar ainda mais forte em seu coração.

Além do desespero

Seu sofrimento não é o fim da história. Ele não precisar definir quem você é. No túmulo do poeta Rumi lê-se a seguinte frase:

Venha, venha, quem quer que seja: andarilho, adorador, amante da vida. Embora você tenha quebrado seu voto centenas de vezes, o nosso não é uma caravana de desespero.

Quer tenham sido os outros, quer nós mesmos a trair os nossos votos, Rumi nos relembra que podemos prosseguir, não em desespero, mas com uma confiança mais profunda. A confiança começa na inocência da criança, pronta para se entregar aos braços do pai mais imperfeito. Depois vêm as desilusões da vida e a dimensão do sofrimento. Não se trata de erro. A perda e a traição são urdidas no tecido da vida, os limites inevitáveis da encarnação humana. O sofrimento exterior nos faz voltar em busca do que é realmente confiável. Da desilusão pode brotar a compaixão e uma perspectiva mais ampla. Com isso, a confiança surge novamente, mais forte e mais sábia.

Keith, um estudante de budismo tibetano, veio me ver. Ele tinha se comprometido com a tradicional prática Vajrayana de 100 mil prostrações, e a cada reverência refugiava-se em Buda e em seus ensinamentos. Porém, o lama que o orientava voltou ao Nepal e só retornaria no ano seguinte. Depois de fazer milhares de prostrações, Keith travou. Então, toda vez que ele começava a fazer a reverência, seu corpo doía, seus sentimentos ficavam paralisados e ele mal conseguia se obrigar a fazer outra prostração. Conversamos sobre sua prática. Eu disse que um dos propósitos de repetir a reverência é a purificação e expliquei que, quando ele se curvava, qualquer padrão físico, emocional e mental subjacente que pudesse bloquear sua dedicação incondicional e sua devoção surgiria de modo natural. É nesse momento que ocorrem as transformações profundas.

Sugeri que nos curvássemos juntos para ver o que acontecia. Estávamos preparados para fazer a reverência e tomar refúgio em Buda e em seus ensinamentos. Pedi que Keith ficasse especialmente atento a seu corpo. De repente, ele sentiu frio; estava tremendo e assustado. Essas sensações continuaram e até se agravaram. Comecei a me curvar e, quando ele fez o mesmo, sua garganta se fechou e seu coração começou a bater forte. Pedi que cerrasse os olhos e prestasse atenção em seus sentimentos. Perguntei que idade sentia que tinha. Seus olhos se encheram d'água e a voz tremeu quando ele respondeu: "Tenho 6 anos de idade." Perguntei então o que havia acontecido. Ele desfiou a história de como seu pai, o parente que mais amava e o protegia, foi levado para o hospital depois de sofrer um ataque cardíaco. Keith ficou com o irmão ainda bebê, que não parava de chorar, e uma mãe agressiva e bipolar. Um mês depois, quando o pai voltou para casa, não era mais o mesmo homem. O ataque cardíaco o deixara doente e alquebrado, e ele definhou e morreu em poucos anos. Toda a noção de bem-estar e esperança de Keith desapareceu após a doença do pai. Ele não se sentia mais protegido nem cuidado.

"E como isso se conecta com a reverência?", perguntei quando nos levantamos juntos. Ele balançou a cabeça e disse: "Depois que meu pai morreu, eu desisti. Minha infância ficou tão difícil que concluí que a vida não é confiável. Tenho medo de me refugiar em qualquer coisa porque ela pode ser arrancada de mim em um segundo, como aconteceu com meu pai."

Pedi que ele se imaginasse abraçando, de maneira afetuosa e com grande compaixão, a criança de 6 anos que fora abandonada. Então, depois de um tempo, olhei para ele e perguntei: "Você é mesmo essa criança assustada de 6 anos de idade?" Ele entendeu que estivera carregando um medo inconsciente durante anos. Agora podia ver que não era mais uma criança e que tinha vivido e sobrevivido à dor da perda de seu pai. Keith percebeu que podia recomeçar a confiar e a viver a vida aqui e agora. Quando se sentiu preparado, levantamos e nos curvamos juntos. Depois, ele completou as 100 mil reverências sem dificuldade.

Envolvido por um Universo vivo

A vida humana é misteriosa porque termina. A morte chegará para você, não importa quem você é nem se as suas realizações foram grandes ou pequenas. "Os cemitérios estão cheios de homens indispensáveis", observou o general francês Charles de Gaulle. Como convivemos com a perspectiva da morte, do mistério final? Podemos ficar paralisados ou encarar a morte, fazer uma reverência diante dela e viver em liberdade.

O medo pode ser completamente irracional. Nosso cérebro primitivo teme tubarões, terroristas, acidentes aéreos. No último ano, houve menos de trinta ataques não provocados de tubarões nos Estados Unidos e 4,5 milhões de mordidas de cachorros. Dezessete americanos foram mortos por ataques terroristas e 36 mil morreram por causa da gripe. Você tem cem vezes mais probabilidade de morrer num acidente de automóvel do que num acidente aéreo. O fato é que nós assustamos a nós mesmos. Nosso medo de tubarões, de terroristas e de aviões caindo são, quase sempre, pura fantasia. Como explicou Helen Keller: "A segurança é principalmente uma superstição. Ela não existe na natureza, nem as crianças de modo geral a experimentam. Evitar o perigo não é mais seguro a longo prazo do que a exposição direta a ele. A vida é uma aventura ousada ou nada."

Rosina, mãe de dois garotos com 7 e 10 anos, veio trabalhar comigo. Ela tinha um câncer de mama com metástase extensa. Estava em tratamento, mas suas chances de viver mais do que alguns meses eram pequenas. Ela tentava desfrutar cada momento de maneira consciente, mas sua agitação e seu medo eram fortes. Com um pouco de orientação, Rosina mergulhou no próprio corpo e acolheu com ternura suas dificuldades, sua angústia e seu pânico. Ainda assim a dor do câncer era debilitante, e ela estava aterrorizada com a perspectiva de entrar no buraco negro da morte e deixar seus filhos.

Como nos encontrávamos com frequência, Rosina aprendeu a lidar com essas sensações e esses sentimentos fortes exercitando a compaixão. Ela chorava, tremia e sentia ondas de pavor. Aos poucos, encontrou um pouco de calma e por fim conseguiu aceitar todas as suas emoções. Entendeu que não podemos escolher quando morreremos.

Um dia, com meu apoio, ela se abriu para seu maior medo, o abismo da morte. A sensação era de estar caindo, tentando se segurar, depois relaxando e mergulhando na escuridão infinita. Para sua surpresa, o espaço negro infinito se tornou suave, um veludo negro com um fundo de estrelas brilhantes. Sua expressão mudou para admiração e alívio quando ela se abriu para o mistério, a confiança superou os medos e ela se sentiu envolvida por um Universo vivo.

Janice enfrentou frequentes crises de medo. Pedi que ela mantivesse um diário e prestasse atenção nos momentos em que seus padrões de preocupação, medo ou autocrítica surgissem. Porém, quanto mais ela prestava atenção, mais perturbada ficava. Ela registrou um fluxo infindável de inquietações e sentimento de fracasso. Depois, revisando suas anotações, viu com clareza seu sofrimento constante. Ela chorou e seu coração se acalmou.

Depois de permitir que aflorassem a tristeza e o pesar em relação à sua vida, Janice ficou curiosa e se questionou: "O que está acontecendo que me faz sofrer tanto?" Imediatamente, uma imagem de seu passado veio à mente: ela era uma menininha assustada tentando lidar da melhor maneira possível com novas circunstâncias. Quando era pequena, sua família perdeu a casa em que moravam e seus pais, que brigaram e culparam um ao outro, ficaram cada vez mais irritados e controladores com Janice e seu irmão. Na infância, quando estava sozinha, Janice segurava um fantoche em formato de demônio; era ele quem expressava seus medos aos gritos e a repreendia. De repente ela percebeu que o demônio, de uma maneira torta, tinha tentando protegê-la. "Mas quarenta anos se passaram e ainda estou fazendo isso comigo!"

A insegurança está conectada com os níveis mais ancestrais de nosso cérebro. O cérebro primitivo está sempre em alerta para detectar problemas, mas isso não significa necessariamente sabedoria ou confiança. A sabedoria nos convida a viver com o coração confiante. Com consciência e compaixão, podemos liberar nosso medo. Com confiança, podemos acabar com os demônios do medo e da insegurança e permitir que a vida siga seu rumo. Com o coração confiante, nos tornamos amorosos e distantes, combinando serenidade e cuidado, e receptivos ao que quer que venha.

Um mestre sufista conhecido por sua tolerância morreu na plenitude do tempo e se viu diante dos portões do céu. Então um anjo disse:

"Nem mais um passo, ó mortal, até que você tenha provado que merece entrar no paraíso!" O mestre respondeu: "Espere aí. Antes de tudo, você pode provar que aqui é de fato o céu e não apenas uma fantasia da minha mente desordenada vivenciando a morte?" Antes que o anjo pudesse responder, uma voz de dentro dos portões gritou: "Deixe-o entrar. É um de nós!" O que isso significa? Reflita profundamente sobre a sua noção de morte. Os mortos desaparecem ou seus espíritos continuam existindo? Você não pensa mais nessas pessoas ou as mantém vivas dentro de si? O criador da química moderna, Antoine Lavoisier, postulou que "tudo se transforma, nada se perde". Como você lida com esse mistério?

Envelhecendo com confiança

Em todo ciclo e toda vocação da vida é preciso reaprender a arte da confiança. A cada noite morremos, confiando no esquecimento do sono, e acordamos na manhã seguinte renascidos para a nova luz do dia. Como as estações do ano, somos conduzidos de um ciclo a outro. Em vez de lutar contra a evolução, podemos transformá-la numa dança.

Joan Baez e sua mãe de 92 anos cantaram na minha festa de aniversário de 60 anos, que era também o aniversário de 21 anos de minha filha, sua maioridade. Eu vestia um traje a rigor e estava me sentindo ótimo. Agora, uma década depois, olho no espelho e vejo um sujeito careca em boa forma para os seus 71 anos. Mas também percebo o declínio gradual da força, da memória e da capacidade, parte do processo natural do envelhecimento do corpo. Quando me sinto sábio e abençoado, vejo que envelhecer é natural. É o que ocorre com os corpos nos últimos capítulos desta encarnação. Em outros momentos, passo por períodos de negação, ignorando ou lutando contra o fluxo da vida. Não quero diminuir a importância da vida saudável para permanecer ativo e em boa forma, mas o declínio é real e inevitável.

Você pode escolher entre resistir ou ser benevolente. Se você envelhecer sem confiança, ficará limitado e sofrerá, já se encaminhando para a morte. Seu coração não será livre para amar e desfrutar cada dia, para dançar com a vida.

Quanto a mim, o jogo ainda não acabou. Ele apenas mudou. Quero servir ao mundo e viver com confiança e amor, e me manter íntegro e presente até o fim. Este é o grande convite – viver com o coração confiante. É a nossa liberdade. Os maiores sábios do zen dizem: "A iluminação é alcançada pelo coração confiante."

Prática

Confie na visão mais abrangente

Sente-se e fique em silêncio. Perceba seu corpo fazendo 15 mil respirações por dia, seu coração batendo 90 mil vezes por dia, seus sentidos e sua digestão funcionando de maneira absolutamente confiável. Agora olhe ao redor, para a terra, as plantas e as árvores, e lembre-se do ciclo dos dias, da virada das estações do ano, das estrelas cintilantes no céu enquanto o mundo gira. Relaxe. Sinta a confiança de fazer parte de algo vasto, do desabrochar da própria vida. Você é parte de uma longa cadeia de seres humanos, de algo importante. A linhagem da vida concedeu a você este nascimento humano, que o conduzirá durante anos e anos, em meio a altos e baixos. Respire fundo, no ritmo da vida. Relaxe. Confie.

Prática

Confie em sua sabedoria interior

Aprenda a confiar em seu corpo. Comece pela percepção do que está acontecendo com ele, de maneira consciente e amorosa. Sinta como ele está hoje, seus sinais, suas necessidades. Escute com atenção o que seu corpo tem a dizer. Que cura ele deseja? De que cuidados precisa? Que sabedoria ele tem para lhe oferecer? Seu corpo está esperando por sua atenção. Confie nele. Mesmo que você tenha ficado distante por muito tempo, é possível reconquistar a confiança, passo a passo, por meio de sua experiência corpórea.

Assim como você consegue ouvir seu corpo, pode aprender também a confiar em sua intuição e em seus instintos. Considere qualquer situação ou problema. O que seus instintos lhe dizem? Pare. Escute com atenção. Abaixo do nível das histórias, dos hábitos e das reações imediatas existem camadas mais profundas de conhecimento — sentimento, intuição, consciência e cuidado. Dedique um tempo a entrar em sintonia com esses níveis, sempre de modo consciente e respeitoso. Permita que a autoconfiança e a fé em sua intuição se ampliem.

Confie na consciência. Descubra que a consciência amorosa é grande o suficiente para influenciar toda a sua experiência. Deixe que a fé e a resiliência aumentem com o treino de sua atenção amorosa. Você pode permanecer atento a tudo que estiver presente e relaxar e confiar em si mesmo para surfar nas ondas da vida sempre em mutação.

Prática

Inspire-se na confiança

Inspire-se naqueles que vivem com confiança e conservam um espírito positivo mesmo em tempos difíceis.

Veja como fazer isso: lembre-se das pessoas que você conhece e que o inspiram com sua confiança.

Observe como é uma pessoa que vive com confiança em vez de alimentar a ansiedade. Veja como ela se comporta. Sinta o efeito restaurador que ela exerce sobre os outros. Imagine-se ficando mais confiante. Visualize-se vivendo seu cotidiano com confiança, tranquilidade e presença.

Agora, lembre-se das ocasiões em que você percebeu seu senso saudável de confiança, de fé e de força, um amor que não tinha medo. Essa confiança está dentro de você. A confiança sábia não é ingênua; ela vê com clareza que algumas pessoas não são confiáveis, mas isso não destrói o espírito geral de confiança em si mesmo e na própria vida.

Convide sua confiança a crescer, viva com ela.

A confiança é a porta de entrada para a felicidade.

Capítulo 4
O eterno presente

Ver um Mundo num Grão de Areia
e um Paraíso numa Flor Silvestre.
Segurar o Infinito na palma de sua mão
e a Eternidade em uma hora.
– WILLIAM BLAKE

A eternidade é aqui, sempre viva no momento presente. A atenção nos convida a retornar ao agora, ao momento presente, em vez de nos afundarmos em pensamentos sobre um passado que não mais existe ou fantasiarmos sobre um futuro que ainda está por vir. No momento presente, aprendemos a ver com clareza e gentileza. Com a força da atenção plena, podemos nos manter totalmente presentes diante da beleza intolerável e da inevitável tragédia que fazem parte da vida humana. Podemos honrosamente aceitar e cuidar da vida que nos foi dada.

Acessando o eterno presente

Minha amiga escritora e humorista Anne Lamott afirmou ter encontrado o presente atemporal na prática tibetana: "Tenho a gravação de uma monja tibetana entoando um mantra de compaixão durante uma hora, oito palavras repetidas sem parar, e cada frase soa diferente; parece ter sido sentida e vivida em sua plenitude enquanto ela recitava. Você nunca fica com a sensação de que ela está olhando para o relógio e pensando 'Jesus Cristo, só se passaram 15 minutos'. Quarenta e cinco minutos depois ela ainda está entoando as frases de maneira clara, até a última palavra." Em geral, as coisas não são tão simples e puras, com atenção a cada sílaba à medida que a vida canta a si mesma por meio de nós. No entanto, esse tipo de atenção é o prêmio.

As histórias de grandes mestres podem nos levar a perguntar: "Como posso ser como eles?" Em resposta, cada mestre poderia convidá-lo à realidade do presente em seu caminho. Ajahn Chah diria: "Relaxe e torne-se a própria consciência. Seja Aquele que sabe." Dipa Ma diria: "Ame e fique em paz, independentemente de qualquer outra coisa." Suzuki Roshi diria: "Fique exatamente onde você está. Em vez de aguardar o ônibus, perceba que você está no ônibus." Thich Nhat Hanh diria: "Confie na atenção plena, neste momento, no eterno presente." O mestre tibetano Dzogchen concordaria: "A iluminação não está distante. É a liberdade aqui e agora, para ser saboreada sempre que você se entregar a ela."

Robert Aitken Roshi era o mestre zen ocidental sênior que dava aula nos Estados Unidos. Um pouco antes de se aposentar, ele foi a um encontro que reuniu quase 100 professores budistas ocidentais. Num lindo discurso, falou de seu amor pelo Darma e de sua vida de práticas, inclusive seu primeiro encontro zen com R. H. Blyth, um inglês que ensinava no Japão, tornou-se um renomado tradutor de *haiku* e foi encarcerado como inimigo estrangeiro numa prisão japonesa. Aitken Roshi refletiu sobre os anos em que conduziu *sesshins* e ensinou *koans*. Ele também descreveu os momentos delicados em que teve dúvidas, mesmo após já ter começado a ensinar como um zen Roshi. Ele era conhecido por sua compaixão para com todos os estudantes zen em seus estudos difíceis.

Um dos professores de meditação presentes pediu a ele um último presente: Roshi poderia nos dizer a resposta a um *koan* zen? Aitken Roshi descreveu um encontro inicial com seu professor de zen Nyogen Senzaki em Nova York. Senzaki segurava uma tigela grande de cerâmica com uma espiral pintada do centro para a borda. O *koan* que Senzaki perguntou a ele foi: "Qual é o sentido da espiral, de dentro para fora ou de fora para dentro?"

"Qual é a resposta?", perguntou um dos professores na plateia. Isso foi no fim da palestra de Roshi, que tinha ficado sentado, imóvel, por uma hora e meia. Com quase 80 anos, ele se levantou devagar, cambaleando. Então estendeu os braços, com as mãos para cima, e girou o corpo todo, primeiro para um lado e depois para outro. De dentro para fora e de fora para dentro. Sua resposta foi essa. Ele se tornou a tigela, ele era a própria tigela.

Observe agora

Há alguns anos, tive o prazer de conduzir um retiro com Thich Nhat Hanh. Ele chamou seu ensinamento naquele dia de "Sem morte, sem medo" e contou a história de quando despertou de um sonho em que conversava com sua mãe querida um ano após a morte dela. Thich era muito apegado a ela e sofreu demais com a perda. Mas numa noite de lua cheia, em seu refúgio na montanha, no Vietnã, ele acordou de um sonho com sua mãe sentindo a realidade de sua presença. "Entendi que minha mãe nunca morreu", disse. Ele ouvia a voz dela dentro dele. Então saiu do eremitério e sua mãe tornou-se o luar acariciando ternamente a pele dele. Ao andar descalço em meio à plantação de chá, conseguiu senti-la a seu lado. A ideia de que ela tinha partido não era verdadeira. Thich percebeu que seus pés eram "nossos" pés e que, "juntos, minha mãe e eu deixávamos pegadas no solo úmido da noite".

Como Thich Nhat Hanh, Isabella precisou aceitar a vida e a morte a cada momento. Seus dois filhos, nascidos com um ano de diferença, tinham fibrose cística, doença que provoca tosses violentas e encurta a expectativa de vida. Quando estavam no ensino médio, o distúrbio genético tinha preenchido os pulmões deles com um muco pegajoso. Nicolas era um adolescente nerd, web designer brilhante, e Daniella era uma atleta de vôlei muito habilidosa. Talvez, com o milagre de um transplante de pulmão, eles vivessem até os 30 anos. Olhar para os dois era de partir o coração.

Todos nós sabemos que vamos morrer, mas para Isabella cada tossida ou dor de estômago dos filhos era um golpe, um lembrete da mortalidade deles. Quando me procurou para aprender a prática da atenção plena, Isabella estava desesperada "para impedir que sua mente vivesse incessantemente no futuro". Quando ela começou a meditar, ficou horrorizada ao ver a frequência com que o medo ocupava sua mente e quão pouco ela percebia onde estava. Foram semanas de trabalho árduo, muitas vezes redirecionando a atenção dela, até que, aos poucos, Isabella começou a perceber sua refeição matinal, o louro rosa que ficava no canto, o chiado do aspersor de água, a toalha de mesa floral azul. Passo a passo, a meditação começou a funcionar e seu coração foi se acalmando. Ela se abriu para o pôr do sol, para a mulher idosa sentada na varanda da casa ao lado, para a realização simples de cada momento.

"Meu refúgio é o presente. No começo, a atenção plena foi a maneira de escapar do tormento interior. Mas agora ela é um modo de vida. Nenhum de nós sabe quanto tempo viverá e qual é o nosso destino. Precisamos viver aqui ou perderemos tudo. Quero estar presente em cada momento da vida de meus filhos. E da minha vida também."

Como disse Jon Kabat-Zinn: "Pequenas coisas, pequenos momentos? Eles não são pequenos." Mesmo suas dificuldades podem ser mais bem cuidadas se você se mantiver aqui e agora.

Para se livrar da tirania do tempo, mostre interesse pelo presente. Observe a experiência do agora com sua dimensão de alegrias e tristezas. Relaxe neste momento. O agora é a sua casa. À medida que você se preocupar em viver o agora, descobrirá que ele cobre todo o tempo. Apenas neste instante – ao ler esta página –, faça uma pausa e reflita sobre os seus planos para o dia. Note que você está aqui, agora, fazendo planos. Você pode planejar e lembrar, mas isso tudo acontece agora.

A matemática moral do momento

A liberdade está sempre onde você está. Se está cuidando de uma criança, montando um negócio, jogando ou se curando de uma doença, tudo isso acontece neste momento. Apressar-se e preocupar-se não alongam o tempo. Tudo que realmente temos é o momento presente. O passado já se foi, o futuro ainda não chegou. A arte de viver consiste em estar no eterno presente, aberto ao que ele representa. Leva apenas um minuto para quebrar o feitiço do tempo, desligar-nos de nossos pensamentos e ver a luz do sol refletindo na janela, saborear o mistério deslumbrante de uma tangerina ou de um camarão.

Temos a sensação de que a vida moderna é acelerada. Observe o mistério do tempo. Vivemos pressionados por ele quando ficamos presos no trânsito ou atrasados para uma reunião, a mente cheia de obrigações futuras ou erros passados. Ainda assim, o tempo é criado por pensamentos e ideias sobre outros tempos, não o atual. Obviamente, a consciência do tempo é muito valiosa. Ela permite que o mistério seja lembrado e organizado; que se planeje e se aprenda a partir dele. Mas, em geral, viver pensando em outros tempos provoca estresse e ansiedade. Focar demais no passado e no futuro ofusca a vibração do presente.

Em 2007, o *Washington Post* conduziu uma experiência sobre "contexto, percepção e prioridades". O jornal convidou o famoso violinista Joshua Bell a levar seu Stradivarius numa manhã a uma estação do metrô de Washington e tocar os complexos e maravilhosos *Prelúdios* de Bach. Mil passageiros passaram por ele, mas quase nenhum parou para ouvir, exceto algumas crianças. O *Post* chamou isso de "matemática moral do momento". As pessoas estavam com pressa e focadas em outras coisas, de modo que, ao final da apresentação, havia no chapéu do violinista o total de 32 dólares em moedas, apenas uma pequena parte do valor do ingresso para a apresentação que ele faria no Centro Kennedy na noite seguinte. Com que frequência você ou eu corremos pela vida, perdidos em pensamentos, deixando passar o violino e os milagres simples que ocorrem a todo momento?

Onde quer que esteja, seja lá o que estiver fazendo, pare. Respire. A liberdade desperta sempre que você está presente, não imerso em pensamentos. Quando está realmente com seus filhos, seu amor, seu jardim, seu trabalho, seu corpo, você desperta. Centrado no presente você pode ainda planejar e direcionar sua vida de maneira efetiva. Quando você está *aqui*, vê com maior clareza e responde com o verdadeiro amor. Existe uma crescente capacidade de aceitar e abraçar o que está aqui, agora, com o coração valente.

Mente de iniciante

Paul viajava muito para sua empresa de marketing, mas era um pai atuante em casa. Sua filha mais velha, Stella, de 14 anos, estava amadurecendo, mas Joshua e Callie, de 7 e 9 anos respectivamente, brigavam, se xingavam, agrediam-se e provocavam um ao outro. No carro, o banco de trás era uma zona de guerra com gritos de "Ela que começou!" e "Não! Ele fez primeiro". Paul tinha receio de que eles nunca saíssem disso e acabassem se odiando quando fossem adultos.

Um dia, voltando para casa de uma viagem ao exterior, cansado e com *jet-lag*, Paul levou os dois filhos menores de carro até a casa de sua irmã. Quando eles começaram a brigar, gritou que parassem, mas os dois continuaram a se beliscar e a se provocar de um jeito furtivo. Em uma parada para os filhos irem ao banheiro, Callie saiu apressada do carro, tropeçou no meio-fio e caiu com força sobre o cotovelo, arranhando o rosto. Paul pegou um lenço e antisséptico para limpar o sangue do rosto dela, enquanto Joshua foi providenciar um pouco de gelo para o braço da irmã. Quando ele voltou, amparou Callie com afeto, aplicando o gelo e confortando-a. Paul suspirou aliviado ao perceber o laço profundo que unia os irmãos. As guerras entre eles eram uma forma fraterna de contato amoroso, separando e ao mesmo tempo mantendo a conexão. Os olhos dele se encheram de lágrimas de alívio, pois agora ele sabia que seus filhos ficariam bem.

Quando nos desligamos do tempo, enxergamos cada momento de uma forma nova, como ele é, sem preconceitos. O mestre zen Shunryu Suzuki chamou isso de "mente de iniciante". Suzuki Roshi repetia esses ensinamentos simples e libertadores de viver o aqui e agora a todos que pudessem escutá-lo, inclusive um jovem monge zen do Japão que tinha vindo ajudar a comunidade de São Francisco. Depois de algumas semanas, o novo professor reclamou que seu inglês era limitado demais para comunicar a essência do zen aos alunos. No dia seguinte, Suzuki Roshi foi ao *zendo* (salão de meditação) e assumiu o lugar do professor. Ele tocou o sino e uniu as mãos. Lentamente, escolhendo as palavras, disse: "Hoje é hoje." *Pausa longa*. "Hoje não é ontem." *Pausa longa*. "Hoje não é amanhã." *Pausa longa*. "Hoje é hoje." Então sorriu, curvou-se e foi embora. "Cinco palavras, um dia de cada vez", ele explicou depois ao jovem professor. "É tudo que você precisa saber para ensinar o zen."

Um dia de cada vez é como o programa de 12 passos interpreta esse ensinamento. O novelista Storm Jameson explicou: "Existe um único mundo, aquele que está pressionando você neste momento. Existe apenas um minuto em que você está vivo, este minuto aqui e agora. A única maneira de viver é aceitar cada minuto como um milagre impossível de ser repetido."

A liberdade e a presença do amor ganham vida no aqui e agora. O amor no passado é uma memória. O amor no futuro é uma fantasia. O único lugar para o verdadeiro amor é onde você está.

Como, então, devemos viver?

Num experimento de psicologia que ficou famoso, os pesquisadores pediram que dois grupos distintos de estudantes atravessassem o campus da Universidade de Princeton para assistir ao que disseram ser uma importante palestra sobre a parábola do bom samaritano, o modelo bíblico para parar e ajudar um estranho. Orientaram o primeiro grupo a correr porque as portas do local da palestra logo fechariam. Ao segundo grupo de alunos disseram que a palestra logo começaria, mas não precisavam correr, podendo entrar quando chegassem lá. Ao cruzar o campus, integrantes dos dois grupos passaram por uma pessoa que parecia estar ferida e precisando de ajuda. Ninguém sabia que era uma encenação.

Ainda assim, quase todos os estudantes do primeiro grupo, aqueles que deveriam se apressar, passaram direto pela pessoa ferida, embora estivessem a caminho de uma palestra sobre oferecer ajuda a estranhos.

Diferentemente, a maior parte do segundo grupo, que não estava com pressa, viu o ator ferido e parou para oferecer ajuda. Com pressa ou cuidando do outro? De que forma você quer viver?

Viver no presente é a base da libertação. Mas é difícil. Viver no presente escancara a dimensão plena da vida. É fácil estar aqui quando a vida é agradável. E quando você sente dor, depressão, sofrimento, raiva, confusão, solidão ou medo? A cultura moderna pode lhe dizer para se distrair da dor indo ao cinema ou fazendo compras. Os médicos prescrevem tranquilizantes às pessoas que sofrem perdas para que elas não sintam dor. Nossos hábitos de distração, de pressa e de fazer planos com regularidade funcionam como vícios – são uma profunda resistência ao presente. Na medida em que se distrai e se enterra no trabalho, você não está livre.

A atenção plena e a consciência amorosa são os antídotos, as portas de entrada para a liberdade. Quando você reconhece exatamente o que está presente, mesmo se for a dor, a ansiedade, a raiva ou o luto, pode acolhê-lo suavemente, como se estivesse se curvando a ele. Ao fazer isso, sentirá o amor crescer e o espaço sempre presente da consciência amorosa, que pode dar conta de tudo, agora.

Encontrando refúgio

"*Agora*. Esse é o segredo", disse Pema Chödrön.

Agora, agora, agora. A atenção plena treina você para estar desperto e ativo, curioso, sobre quê? Bem, sobre o agora, certo? Você senta para meditar e a respiração é agora, e acordar de suas fantasias é agora; mesmo as fantasias são agora, embora elas pareçam levá-lo para o passado e o futuro. Quanto mais puder ser completamente agora, mais você perceberá que está no centro do mundo, em pé no meio de um círculo sagrado. Não é insignificante se você está escovando os dentes, cozinhando ou limpando a bunda. Seja o que for que esteja fazendo, está fazendo agora! (ênfase adicionada)

O bom é que você pode facilmente aumentar sua capacidade de viver o agora por meio da prática da atenção plena e da consciência amorosa. A neurociência mostra que a consciência atenta pode ser desenvolvida de forma mensurável em poucas semanas de treinamento. Com ela aumentam a resiliência, o acesso à compaixão, à integração neural, à estabilidade emocional, à regulação interior, à cura física e à alegria.

A atenção plena centra você no aqui e agora. A Dra. Rachel Remen comparou isso a encontrar sua *querencia*:

> *Na tourada, existe um lugar na arena onde o touro se sente seguro. Quando alcança essa área, ele para de correr e recupera suas forças. Não está mais com medo... É função do toureiro descobrir onde é esse refúgio e garantir que o touro não tenha tempo para ocupar seu lugar de completude. Esse refúgio para o touro é chamado de* querencia*. Para os humanos, a* querencia *é o refúgio em nosso mundo interior. Quando uma pessoa encontra a sua, com visão total do matador, ela está calma e tranquila. Sábia. Reuniu sua força ao redor de si.*

À medida que você pratica a atenção plena, descobre a sua *querencia*. Tente. Fique centrado, sereno. Desligue-se do tempo. Você pode fazer isso. Esteja onde estiver, com a consciência amorosa você pode acessar a dimensão plena da vida humana e confiar que seu coração seja grande o suficiente para se abrir a ela.

A atemporalidade do mundo natural

A natureza pode abrir as portas do paraíso em um instante quando olhamos mais de perto uma flor ou contemplamos a extensão de um campo aberto. Saia ao ar livre e visite as ameixeiras, as nuvens negras, os rouxinóis, os ventos noturnos, o nascer do sol ou a água corrente. Liberte os pensamentos e os planos e confie na realidade atemporal do mundo natural. O sábio americano Ralph Waldo Emerson explicou: "As rosas debaixo da minha janela não evocam rosas antigas ou rosas melhores, elas são o que são. O tempo não existe para elas. Existe apenas a rosa. Ela é perfeita em cada momento de sua existência."

Em Bali, onde morei, a cultura é cheia de ofertas atemporais. Cada dia é marcado por um circuito de rituais, músicas, orações e danças. As pessoas fazem pausas sagradas em suas tarefas com regularidade, desde a manhã até a noite. A ênfase na leitura de alguns livros espirituais é pequena. Um ancião me explicou: "Nós não lemos livros, lemos estrelas." Ao olhar o céu noturno e contemplar o grande arco da Via Láctea, você se volta para o mistério sempre presente.

No mundo moderno, com ar condicionado, carros, computadores e hospitais assépticos, esquecemos a natureza e o mistério. A poderosa medicina moderna, com a dádiva dos antibióticos, das ressonâncias magnéticas e das cirurgias, deixa escapar alguns pontos importantes. Como escreveu a terapeuta e escritora Loren Slater:

Neste tempo de cuidados gerenciados, mais ênfase é dada à medicação e à melhoria rápida dos sintomas, ao trabalho de curto prazo e às clínicas particulares lucrativas do que à adorável e misteriosa alquimia que inclui os saudáveis laços interiores e entre as pessoas, laços que acalmam [nossos] terrores e nos ajudam a ficar curados.

As palavras de Loren nos lembram das bênçãos que advêm quando cuidamos da vida à medida que ela acontece. A liberdade é alcançada não pela pressa distraída, e sim por viver aqui e agora. A atenção plena nos mostra que não existe outro lugar para estar. Viver no presente não nega nossa capacidade humana de assumir nossas responsabilidades. É só saber que tudo acontece agora. Seja o que for que levemos conosco – dificuldades, problemas e preocupações –, tudo fica mais fácil se estamos presentes aqui e agora. Neste momento, podemos identificar as tarefas e preocupações e então responder a tudo com o coração.

Apaixonado pelo momento

Ao segurar este livro, respire fundo. Deixe a mente serena e o coração calmo. Você está aqui, na vastidão e na eternidade. Pode dar conta de tudo com sabedoria. Um poeta tibetano descreveu esse estado assim:

Uma mão sobre a beleza do mundo,
Uma mão sobre o sofrimento de todos os seres
E dois pés plantados no momento presente.

Há alguns anos, em Washington, D.C., durante uma conferência sobre a compaixão, uma equipe de televisão entrevistou o Dalai Lama. Com câmeras enormes e luzes apontadas para ele, o âncora do noticiário descreveu a conferência e observou que o livro do Dalai Lama *A arte da felicidade* tinha ficado meses na lista de mais vendidos do *The New York Times*. Procurando um ângulo de interesse jornalístico, o apresentador perguntou: "Então, o senhor poderia contar aos nossos telespectadores sobre uma das épocas mais felizes de sua vida?" O Dalai Lama fez uma pausa e refletiu, os olhos brilhando. Então disse, com uma risada: "Acho que é agora."

Viver o presente traz alívio. Não se preocupe tanto. Você pode imaginar e admitir a complexidade de sua vida, mas faça isso no presente, de modo a não perder a energia da vida. O ganhador do Prêmio Nobel André Gide confessou: "Para ser completamente feliz, a única coisa necessária é abster-se de comparar este momento com outros momentos." Olhe ao redor. Veja as pessoas, o cenário, sinta o calor de seu corpo, seu humor e seus batimentos cardíacos. Se sua vida estivesse em perigo, o que não daria por um momento como este? Respire fundo. Desfrute-o. Sorria.

Torne-se um apaixonado pelo momento. A França, conhecida por suas refeições compostas de vários pratos, resistiu ao *fast-food* e comemora o movimento *slow food*. Como diz a canção "Slow Hand", da banda americana Pointer Sisters: "Quero um amante com a mão lenta e um toque suave." Ou seja, você pode ser um apreciador do presente. Isso não significa que o agora não possa incluir velocidade, confusão, ambição, corrida, concorrência criativa e despreocupação alegre. Pode. O agora inclui tudo.

Para abrir os seus sentidos e o seu coração, no entanto, ajuda muito ir devagar. Uma das poetas do meu bairro, Barbara Ruth, disse assim: "Uma vez andei 10 quilômetros a partir da minha casa no lago Kent em menos de quatro horas, mas esse não foi meu melhor tempo. Meu recorde pessoal é de oito horas e quinze minutos. Isso inclui um tempo descansando ao lado de um lagarto que tomava sol nas pedras, anotando um sonho que comecei a lembrar no caminho e uma parada para escutar um pica-pau bicando a árvore que abriga o ninho de uma águia-pescadora."

Esta é para você

Viver o aqui e agora traz beleza e mistério. Veja como as crianças brincam. Elas sabem que serão chamadas a voltar para casa, e ainda assim se entregam totalmente a suas aventuras. Você também será chamado, como todos nós seremos. Mas, por enquanto, por que não viver completamente desperto? Mantendo-se plenamente no presente você pode plantar sementes para um futuro que vai florescer na estação certa.

O antropólogo Gregory Bateson contou a história de uma das faculdades mais antigas da Universidade de Oxford:

O magnífico salão principal foi construído no início de 1600 com vigas de carvalho de 12 metros de comprimento por 1,2 metro de largura. Recentemente, elas começaram a apodrecer e os administradores não conseguiram encontrar carvalhos ingleses largos o suficiente para substituí-las. Um jovem docente sugeriu: "Por que não perguntamos ao engenheiro florestal se alguma propriedade doada a Oxford pode ter árvores em número suficiente para esse uso?" Eles então chamaram o engenheiro florestal, que disse: "Estávamos imaginando quando vocês iam perguntar. Na época em que o salão atual foi construído, há 350 anos, os arquitetos determinaram que um bosque fosse plantado e conservado para substituir as vigas do telhado quando elas apodrecessem."

O comentário de Bateson foi: "É assim que se perpetua uma cultura."

Viver o agora deixa seu coração livre para transformar tudo que você tocar. Como escreveu William Butler Yeats, quando você está totalmente presente, "outros vivem uma vida mais clara, talvez mais impetuosa, por causa disso". Cada momento presente é um ato de coragem. Quer traga lágrimas ou alegria, viver o presente oferece a você uma dádiva valiosa: a benevolência de estar em casa neste Universo misterioso.

David Armitage contou como começou um rigoroso programa acadêmico de seis anos em Boston que exigia que ele trabalhasse em tempo integral durante o dia, estudasse à noite e fizesse os trabalhos do curso nos fins de semana. Segundo ele, "no meu primeiro verão sem obrigações, eu queria ficar longe dos estudos, queria trabalhar com as mãos e ficar próximo da terra. Então fui morar com uma família amish na Pensilvânia. A experiência me renovou, e assim decidi repeti-la no verão seguinte.

"Naquele ano, dirigi de Boston até a Pensilvânia num feriado de fim de semana e a viagem, que normalmente demorava seis horas, levou mais de dez. Quando cheguei, um pouco antes do anoitecer, estava ansioso e exausto.

"Meus anfitriões amish tinham atrasado o jantar para me esperar. Durante a refeição, tentei agir com naturalidade, mas eu estava nervoso. Meu anfitrião podia ver claramente que havia algo errado, porque no final do jantar ele me chamou: 'Venha comigo.'

"Eu o segui até o quintal, que acabava em um canteiro de alfafa. Embora sua fé desencorajasse fumar, o fazendeiro acendeu um cigarro. Três de seus filhos davam cambalhotas ao redor enquanto dois outros se penduravam nele. O fazendeiro não disse uma palavra, apenas olhava para a alfafa. Fiz o mesmo.

"Com o entardecer, ficou difícil distinguir a plantação verde-escura. O céu estava pêssego no horizonte e azul profundo no alto. As estrelas tinham começado a aparecer. Então surgiram vaga-lumes do meio da alfafa – poucos no início, mas logo havia centenas. Seus pontos de luz se misturaram às estrelas: o céu e a terra se encontrando no quintal humilde desse homem. Senti que meu nervosismo tinha desaparecido.

"O fazendeiro virou e disse: 'Isto é para você.'"

A eternidade está exatamente onde você está. Cada passo, cada palavra, cada respiração é um convite. Dê a si mesmo a dádiva do silêncio, da escuta. Entre na mata, suba a montanha, caminhe ao longo de um riacho sinuoso ou do mar eternamente mutante. Olhe com atenção para as centenas de tipos de folhagem das árvores. Acompanhe o voo delicado dos pássaros. Maravilhe-se com a estranha marcha dos bípedes humanos. Escute a risada das crianças. Quando estiver em dificuldades, lembre-se de que o mundo acena para você com uma história mais importante. Ele convida você à vastidão e à liberdade.

Prática

Aberto à atemporalidade

Sente-se de modo confortável, com tranquilidade e presença. Nesta prática, você mergulhará na consciência amorosa atemporal caso se permita tornar-se o que Ajahn Chah chamou de "Aquele que sabe", a testemunha de todas as coisas.

Mantenha-se digno e relaxado, ocupando seu lugar no ponto de referência do mundo em rotação. Deixe que experiências, sensações, pensamentos, sons e visões surjam como a água jorrando de uma fonte ou a imagem em uma tela. Memórias pungentes, pores do sol luminosos, todas as suas alegrias e dores, uma exposição criativa infindável aparecendo e desaparecendo.

É sempre agora, o eterno presente. Mesmo quando era uma criança brincando ao ar livre, você sabia como se colocar à margem do tempo. Veja como o tempo, os relógios, os calendários, o futuro, o passado, os planos e as memórias são ideias criadas pela mente. Transfira sua atenção. Confie na consciência amorosa atemporal, n'Aquele que sabe. Tudo que aparece é apenas um movimento no espaço, incapaz de afetar a base da eternidade.

Sinta a vastidão. As galáxias giram no Universo atemporal, a vida se renova mais uma vez. Não é o seu corpo, mas o corpo da eternidade, conhecido como a consciência da eternidade.

É sempre agora. Respire. Permaneça no silêncio generoso. Confie.

Quando se levantar, deixe que suas ações se iniciem no silêncio. Ao confiar na eternidade, você naturalmente saberá como responder, criar, incorporar. Mas as ações surgirão d'Aquele que sabe. Lao Tsé, o sábio taoísta, dizia: "Permaneça imóvel até que a ação correta se inicie por si só."

Parte Dois

Obstáculos à liberdade

Deus, envie-nos a cura. A doença já temos.
– Tevye, em O *violinista no telhado*

Capítulo 5

O medo da liberdade

> *As pessoas com frequência preferem um regime muito limitado e punitivo – em vez de enfrentar a ansiedade da liberdade.*
> – Jean-Paul Sartre

Com a alegria da liberdade vem o medo do desconhecido. A liberdade pode ser emocionante e perturbadora. O conflito é profundo. Quando um coelho corre livremente, ele precisa prestar atenção no falcão. Os caçadores-coletores temiam ir muito longe, pois sabiam que podiam encontrar animais selvagens ou membros de outros clãs rivais e perigosos. O sargento James Walker foi enviado ao Iraque quatro vezes, não apenas por causa da camaradagem, da intensidade, da vivacidade e do sentimento de pertencer a algo importante, mas porque "era mais difícil ficar em casa e enfrentar todas as escolhas confusas da vida civil".

Trauma, medo e liberdade

O medo da liberdade pode surgir em muitas circunstâncias. Às vezes está ligado a um trauma não resolvido. Em tempos perigosos, acidentes ou conflitos, nosso mecanismo de "lutar, fugir ou congelar" é acionado. O instinto de sobrevivência humano é tão forte que nosso corpo e nossa mente ativam uma resposta de proteção automática. No momento do trauma, a mente consciente não se entrega por completo à experiência opressiva. Em vez disso, o trauma pode ficar reprimido e persistir por muito tempo após o evento. As memórias traumáticas ficam retidas no corpo, onde podem gerar memórias dolorosas e o medo de agir ou de amar. O trauma pode gerar também negação, vícios e outros padrões de evasão. Ficamos como a ursa do zoológico local que andou de um lado para outro em seu cativeiro durante 15 anos. Quando a administração do parque finalmente ampliou seu habitat, criando um ambiente espaçoso com um lago e árvores, a pobre ursa continuou andando de um lado para outro nos mesmos 5,4 metros a que se resumiu seu espaço durante anos.

Libertar-se do trauma exige encontrar uma fonte de estabilidade interior a partir da qual você possa abordar suas reservas de dor e medo. Pode ser tão simples quanto detectar uma parte do seu corpo que passa a sensação de calma e força – as solas dos pés, os ossos de "sentar", os ombros fortes – ou invocar uma memória de liberdade e bem-estar num local especial na natureza, ou se sentir amado e seguro com seus avós ou em qualquer outro lugar onde você esteve. Para não se sentir sobrecarregado ao enfrentar um trauma, você precisa da ajuda e da presença de outra pessoa. Depois de encontrar uma base de estabilidade interior e garantir o apoio para se aproximar com tranquilidade do trauma, você consegue aos poucos sentir sua dor, escutar sua história e liberar sua couraça corporal. Essa abertura gradual permite ao sistema nervoso traumatizado aceitar o passado sem que ele o afete novamente, alcançando enfim, passo a passo, a liberdade.

Superar um trauma pode ser demorado e exigir a disposição firme de experimentar e processar o que não está encerrado. Lloyd Burton, um veterano do Vietnã que se tornou professor de budismo, usou a atenção plena e a bondade amorosa para se curar das feridas emocionais da guerra. Assim ele descreveu um retiro de meditação onde encontrou redenção das terríveis atrocidades que testemunhou como soldado:

> *Atuei como médico de campo das forças terrestres dos fuzileiros navais no início da guerra, lotado nas províncias montanhosas da fronteira entre o Vietnã do Norte e o do Sul. Nossa taxa de mortalidade era alta, assim como a dos moradores locais que tratávamos quando as circunstâncias permitiam.*

De volta para casa, passei a ter um pesadelo recorrente pelo menos duas vezes por semana. Eu sonhava que tinha retornado ao Vietnã e enfrentava os mesmos perigos, assistindo ao mesmo sofrimento incomensurável, e então acordava – alerta, suado, assustado. Isso durou oito anos, até que fui ao primeiro retiro de meditação.

No retiro, os pesadelos preenchiam minha mente não apenas à noite, mas durante o dia também, em meditações sentadas, em caminhadas meditativas e na hora das refeições. Flashbacks horrendos dos tempos de guerra encobriam o tranquilo bosque de sequoias do centro de meditação. Alunos sonolentos no dormitório viravam partes de corpos espalhadas em um necrotério improvisado na Zona Desmilitarizada. Quando revivi essas memórias, enfrentei pela primeira vez o impacto emocional completo de experiências que 13 anos antes, como médico de 21 anos de idade, eu não estava preparado para aguentar. Minha mente estava resgatando memórias tão assustadoras, tão de negação da vida e tão desagregadoras espiritualmente que eu não sabia que ainda as carregava comigo. Ao enfrentar o que eu mais temia e tinha reprimido com todas as minhas forças, uma catarse profunda começou a acontecer.

Fui atormentado pelo medo de, caso eu deixasse os demônios interiores da guerra alcançarem a superfície, ser consumido por eles, mas senti o oposto. As visões de amigos mortos e crianças desmembradas deram lugar aos poucos a outras cenas meio esquecidas: a beleza forte e fascinante da selva, os mil tons diferentes de verde, a brisa perfumada soprando em praias tão brancas e deslumbrantes que pareciam forradas de diamantes. O que surgiu também foi um profundo sentimento de perdão pelo meu passado e pelo eu presente: compaixão pelo médico jovem, idealista e futuro terapeuta obrigado a testemunhar as obscenidades indescritíveis de que a humanidade é capaz, e também pelo veterano assombrado pelo passado, que não abria mão de memórias que nem sequer sabia que carregava.

A compaixão permaneceu comigo. E, por meio da prática e do relaxamento interior continuado, ela cresceu a ponto de abarcar aqueles ao meu redor também, quando permito que isso aconteça, é claro. Embora toda a gama de memórias tenha ficado comigo, os pesadelos se foram.

O último dos meus gritos suados aconteceu em silêncio, totalmente desperto, em um retiro no norte da Califórnia há muitos anos.

Você, também, pode se abrir para a liberdade depois do trauma por meio da compaixão.

Autodepreciação

O medo da liberdade é forte. Com frequência, ele aparece atrelado a uma sensação de desmerecimento. Há muitos anos, fui com um grupo de professores ocidentais de meditação encontrar o Dalai Lama. Pedimos seu conselho sobre como lidar com a crescente autodepreciação e a sensação de desmerecimento relatada pelos alunos ocidentais. "Autodepreciação?", perguntou o Dalai Lama, incapaz de entender o conceito. Aparentemente, isso é tão incomum no Tibete que não existe uma palavra para definir o sentimento. Ele perguntou quantos dos professores tinham experimentado aquilo. A maior parte levantou a mão. Alguns minutos depois, na sequência de uma desconcertante consulta ao tradutor para se certificar de que tinha entendido o que havíamos perguntado, ele nos olhou com grande compaixão. "Mas isso é um erro!", exclamou.

Desmerecimento, autodepreciação, vergonha e culpa são formas de escravidão interior. Julgar-se inadequado ou irremediavelmente marcado, ou se autodepreciar, são torturas interiores que paralisam o espírito. Mesmo uma sensação pequena de desmerecimento pode atrapalhar o seu caminho. A libertação dessa escravidão, como descreveu o veterano Lloyd Burton, começa com coragem e amor. É preciso desenvolver compaixão e ternura em relação à própria vida.

Praticar a autocompaixão é uma maneira maravilhosa de se curar da vergonha, da autocrítica e do ódio a si mesmo. A base da autocompaixão é a atenção plena, uma consciência clara e não crítica de qualquer sentimento que esteja presente, inclusive o autojulgamento, a vergonha ou o ódio a si mesmo. A consciência pode começar por meio da observação de como estados como a vergonha e o desmerecimento se refletem em seu corpo, a dor que eles carregam, a ansiedade, o sofrimento, o medo, o vício e outras emoções relacionadas; as histórias que esses estados contam. Você tem tantas ideias e ideais de como deveria ser que isso o leva a praticar maneiras pouco saudáveis de autojulgamento em vez de cuidar de si mesmo e amar quem você de fato é.

Em seguida, com compaixão e ternura, você tem que injetar essa presença respeitosa de atenção plena em toda a dor e todo o sofrimento que guarda. Às vezes, pode ajudá-lo voltar no tempo e lembrar as ocasiões em que você aprendeu esses padrões e pensamentos dolorosos, para então imaginar que está acalentando a si mesmo como se fosse uma criança. Outras vezes, você pode evocar um toque respeitoso e terno, com compaixão. Pode, ainda, recitar silenciosamente frases como "Eu me valorizo" e "Mereço ser amado", ou apenas colocar a mão no coração e imaginar o toque compassivo que receberia de Madre Teresa ou do Dalai Lama.

Ao sentir essa autocompaixão, permita-se também refletir sobre sua humanidade comum. Você é apenas humano. Como todos os seres humanos, terá prazer e dor, orgulho e vergonha, dificuldades e facilidades, sucesso e fracasso, alegria e tristeza. Lembre-se de que muitas pessoas no mundo estão passando pelos mesmos problemas. É assim que somos. Com compaixão e cuidado podemos construir uma vida amorosa, forte e saudável.

Tentando agradar

Olivia era uma conhecida designer que tinha um trabalho muito exaustivo. Estava com dificuldade para dormir e seus relacionamentos tinham se desgastado. Ela mal conseguia parar e se conectar com Fabien, seu parceiro, e muitas vezes perdia a paciência com sua filha adolescente, Joanna. Tentou praticar a atenção plena, mas ficar sentada quieta era uma tarefa difícil. Queria fugir. Sentindo-se presa, ela me procurou. Uma voz crítica interior demandava que ela trabalhasse mais e, mesmo sabendo que isso era uma armadilha, Olivia ficava envergonhada, em dúvida, com medo de que seu trabalho de alguma forma fracassasse. Também se sentia culpada por não ter tempo para Joanna e Fabien. Esses sentimentos fizeram com que o medo aflorasse. "Tenho muito medo de decepcionar todo mundo, inclusive a mim mesma", disse ela, e começou a chorar.

Quando nos sentamos juntos, perguntei em que momento ela sentiu medo pela primeira vez. Olivia arregalou os olhos ao lembrar e disse: "Foi aos 3 anos." Ela tinha uma família depressiva. Seu pai passava a maior parte do tempo na estrada, e a mãe era uma alcoólatra infeliz e egoísta. Olivia tentava agradar os pais, mas quase não recebia nada em troca a não ser irritação e, às vezes, reprimendas. Aos 51 anos, ela entendeu que passou a vida buscando aprovação por seus atos.

"Guarde essa Olivia de 3 anos em seu olhar e em seu coração", aconselhei. O rosto dela relaxou imediatamente, e seus olhos se umedeceram. "Eu só queria que eles me amassem", ela disse, já começando a chorar. "Eu achava que havia algo errado e que devia ser eu. Ainda me sinto pequena e envergonhada. Por muito tempo tentei agradar todo mundo." Abraçando-se como se fosse uma criança, Olivia aprendeu a praticar a compaixão por si própria e a reconhecer a dor e a autocrítica dentro dela. Aos poucos foi deixando o amor entrar.

Ao longo de muitas semanas, Olivia analisou toda a sua vida de trabalho e sua família. Ela viu como sua sensação de desmerecimento a tinha levado ao sucesso, porém compreendeu que, nesse processo, teve de abandonar seus sentimentos ternos em relação à filha e a seu compreensivo parceiro. Por fim, conseguiu aceitar quanto eles a amavam e, quase imediatamente, sentiu-se livre para amá-los. Ela ficou quase eufórica. "Posso sair de férias com eles. Se não me sinto mais como se tivesse 3 anos de idade, posso trabalhar mais ou não, expandir meu negócio ou mesmo vendê-lo. Posso fazer o que quiser porque não me sinto tão mal comigo mesma." Quais são suas memórias de tentar agradar? Como isso moldou sua vida atual? Quando você perceber como se autolimita, aceite-se com ternura e compaixão, respire fundo e entenda que é livre para encontrar uma nova maneira de ser.

Medo de fracassar

Gandhi disse: "A liberdade não vale a pena se não incluir a liberdade de cometer erros." Não tenha medo de errar. Arrisque-se. Voe. Mesmo que você se queime, poderá recuar e recomeçar. O mestre zen Dogen, de modo espirituoso, referia-se à vida como "um erro contínuo". Sim, existe o medo de se dar mal, porém mais tarde, quando você analisar sua vida, desejará ter se contido? Provavelmente não.

Às vezes limitamos nossa liberdade porque achamos que ela irá nos oprimir ou que não a merecemos. Ou temermos que nosso ego nos desencaminhe, que venhamos a dar um passo maior do que as pernas e voar sem controle. Receamos que, se agirmos e expressarmos nossa verdadeira liberdade, possamos acabar nos destruindo ou despencando, como no mito de Ícaro. Evitamos ser "livres demais".

Todo mundo falha. No ritmo normal da vida, fracassamos e então aprendemos com o sofrimento. Às vezes nos preocupamos com nossa tendência a exagerar, a inventar planos mirabolantes para nós mesmos, grandiosas visões do futuro. Outras vezes nos sentimos inadequados ou indignos. Reconheça esses medos de bom grado, mas não siga seus conselhos.

Carl ficava confuso e paralisado toda vez que se concentrava para meditar. Quando meditamos juntos, ele pareceu assustado. Pedi-lhe que vivenciasse esse medo forte, que o envolvesse em uma atenção gentil e observasse a sensação que isso provocava em seu corpo. Depois, pedi que associasse uma memória-chave ao surgimento do medo. A imagem que veio à tona, do jogo de futebol agressivo com sua turma no ensino médio em que ele quebrou acidentalmente o braço de seu oponente, levou-o às lágrimas. Alguma coisa dentro dele tinha medo de machucar alguém outra vez. Sugeri que ele encarasse com compaixão seu medo de usar o próprio poder de maneira errada e causar dor às pessoas. Estava claro que Carl se preocupava muito com os outros. Agora ele tinha de aceitar o cuidado com os demais e consigo mesmo sem deixar que isso se transformasse em medo.

Como a vida moderna oferece muitas possibilidades, temos medo de fazer a escolha *errada*. Escute seu coração e consulte seu corpo e sua mente. Depois experimente dar um passo, aprender, descobrir, crescer. Você pode desfrutar até mesmo dos erros, pois eles são parte do jogo. Tudo que lhe cabe fazer é agir com as melhores intenções, reconhecendo que não pode controlar os resultados.

Não saber, uma prática zen famosa, reúne a verdade da vida. Agindo com liberdade, você abre mão de controlar o resultado e voluntariamente lança seu espírito único no mistério.

Agindo de maneira impecável

Minha amiga Dra. Rachel Remen, autora do best-seller *Kitchen Table Wisdom* (Os saberes da cozinha), contou a história de David, um médico residente que atuou na imensa enfermaria de Aids do Hospital Geral de São Francisco no início dos anos 1980. Foi durante a epidemia de Aids, antes de os inibidores de protease e outros medicamentos estarem disponíveis; nessa época, quase todos os portadores da doença morriam. Muitos dos pacientes de David eram quase da idade dele, pessoas cuja vida era muito importante para o jovem médico. Ele tinha esperança de que seu conhecimento curaria os pacientes. Ao longo de grande parte de sua residência médica, porém, sentiu-se dominado por uma sensação de inutilidade.

Acontece que David é budista e sempre teve o hábito de rezar por seus pacientes. Mesmo agora, quando um paciente morre, ele acende uma vela no altar que tem em casa e a deixa queimar durante 49 dias. Durante todo o tempo em que trabalhou no Hospital Geral, rezou por cada jovem moribundo e acendeu uma vela em seu altar para cada um. Anos depois, refletiu que a razão para ter ficado lá talvez não fosse curar ou resgatar seus pacientes. Talvez ele estivesse lá para que ninguém morresse sem que alguém rezasse por seu nome. Talvez, David percebeu, ele tenha atendido seus pacientes de maneira impecável.

William McFee escreveu: "Mesmo que o seu destino seja perder, lute com garra." Não se preocupe quando a liberdade parecer intimidadora. Na Bíblia, os anjos de luz sempre se aproximam dizendo: "Não tema." O mestre zen alemão e psicoterapeuta Karlfried Dürckheim explicou:

> *A pessoa que, estando realmente no Caminho, se encontrar em tempos difíceis no mundo, não irá, em consequência, recorrer àquele amigo que lhe oferece refúgio e conforto e que encoraja seu antigo eu a sobreviver. Em vez disso, procurará alguém que a ajudará fielmente e de maneira implacável a arriscar-se, de modo que ela possa suportar a dificuldade e corajosamente superá-la. Somente na medida em que uma pessoa se expõe repetidamente à aniquilação ela poderá encontrar dentro dela o que é indestrutível. Nessa ousadia residem a dignidade e o espírito do despertar.*

O filósofo Bertrand Russell foi além: "Deve-se respeitar a opinião pública na medida em que é necessário evitar a fome e ficar longe da prisão, mas qualquer coisa que vá além disso é submissão voluntária a uma tirania desnecessária." Martha Graham amplificou: "Nenhum artista está à frente de seu tempo. Ele é o seu tempo."

Ninguém viveu a sua vida antes. Ela é uma aventura que vale a pena viver.

Aceitando as coisas como elas são

Se você está sem sorte ou sucesso, os mesmos medos e perigos básicos podem surgir. Ninguém está livre disso.

Há alguns anos, recebi um convite para ensinar a arte da atenção plena e da compaixão a todos os alunos da Escola de Negócios de Stanford. Fui informado de que vários dos estudantes, embora muito talentosos, estavam tão ocupados e voltados para o mundo acadêmico, ao mesmo tempo que faziam planos para ocupar a alta hierarquia do mundo corporativo, que estavam perdendo o contato consigo mesmos, com os amigos e a família; ou seja, com o que é mais importante na vida humana. Brinquei com o professor e com o reitor: "Parece que alguém precisa resgatar a alma deles"; os dois, rindo, concordaram. Levei comigo um time de altos executivos e líderes empresariais, amigos que tinham conseguido administrar altas doses de estresse graças à atenção plena e à prática da bondade amorosa. Juntos, engajamos a faculdade inteira em práticas de compaixão e histórias. "Estou me sentindo inspirado por tudo que aprendemos aqui", disse um aluno, "mas deixe-me fazer uma pergunta franca: você está dizendo que, se eu chegar ao seu nível e ganhar um monte de dinheiro, ainda assim não serei feliz?"

A inocência e a sinceridade da pergunta – e a revelação que aquilo foi para ele – fizeram todo mundo rir. Depois ajudamos os estudantes a imaginar uma vida sábia, que contemplasse um equilíbrio entre o trabalho, a criatividade, o amor e um sentido do sagrado. Porém percebemos que a visualização foi apenas o início. Era preciso que aqueles jovens continuassem valorizando o que tinham imaginado. Eles precisavam descobrir práticas e fazer escolhas que levassem a uma vida saudável. Não podiam controlar a economia, mas essa forma de sucesso estava nas mãos deles.

Siga os valores do seu coração e não relute em aceitar as coisas como elas são. Se você está em meio a um divórcio, a um fracasso empresarial, a uma perda ou morte ou à beira de um enorme sucesso, transforme isso em algo bom. Nossa vida é imprevisível, mas sempre temos escolhas. Somos livres para responder, momento a momento. Mesmo que você seja ansioso, o medo é muitas vezes a excitação prendendo a respiração. Permita-se sentir a energia da vida, com sua alegria e seu doloroso desaparecimento, e responda com todo o seu espírito.

Como Zorba, o Grego, nos lembrou: "A vida é problema. Só a morte não é. Estar vivo é tirar o cinto e procurar problemas." A liberdade nos oferece a oportunidade de viver todos os dias com plenitude, fiéis ao nosso espírito e aos nossos dons. Não tenha medo do elogio ou da vergonha. Seja por meio da liberdade exterior, interior ou de ambas – elas vêm juntas –, saiba que você pode escolher ser alegre.

Em nossa sociedade ocupada e excessivamente conectada, nossa atenção é atraída em mil direções. Todo dia recebemos as notícias do mundo olhando o smartphone no café da manhã. Os cientistas estimam que existem mais informações em um dia no *The New York Times* do que a média que uma pessoa do século XVI ouviria ao longo da vida. É fácil se sentir sobrecarregado pelas amarras eletrônicas que nos convidam a tuitar, postar, mandar mensagens e e-mails a toda hora.

Respire. Faça uma pausa. Quando sua vida parece cheia demais, lembrar-se de que você é livre pode ser perturbador. Tudo bem. Sim, você é livre para escolher sua atitude hoje – para ser grato, corajoso, assustado, amargo ou amoroso. Porém, mais do que isso, você é livre – com todas as consequências – para sair do emprego, começar um negócio, se casar ou se divorciar, criar uma obra de arte, adotar uma criança, conhecer um lugar novo, cancelar sua conta de e-mail.

A liberdade pode ser vertiginosa. Por sorte, você não precisa fazer todos esses movimentos ao mesmo tempo, ou algum dia. Na realidade, você já fez as escolhas que está seguindo. Mas você é livre para mudar de rumo. Sua vida é ao mesmo tempo restrita e livre, com limitações e consequências. Cumpra a lei ou acabe preso. Dirija no lado certo da estrada ou acabe no hospital ou morto. A melhor maneira de lidar com a imensidão da liberdade é aquietar a mente e escutar o coração. Seu coração oferecerá a orientação amorosa e ponderada para você fazer a melhor escolha, com a compreensão mais séria e honesta.

Elija, um jovem que estivera na prisão desde os 13 anos de idade, explicou seu desafio: "Quando eu tinha 21 anos, saí da prisão em liberdade condicional. Fiquei em pé numa esquina vendo o sinal mudar de vermelho para verde e voltar a ficar vermelho. Simplesmente fiquei parado ali. De repente, percebi que estava esperando alguém me dizer quando devia atravessar a rua. Todos aqueles anos de encarceramento roubaram o meu senso de liberdade interior. Foi quando iniciei o programa de atenção plena. Eu precisava recuperar a minha liberdade interior."

Você também pode recuperar a sua liberdade. Simplifique as coisas. Desligue os equipamentos eletrônicos e escute Mozart. Reduza seus compromissos, caminhe ao ar livre, comprometa-se menos. Você pode visualizar, e criar, uma vida com mais simplicidade e espontaneidade. A sensação interior de estar sobrecarregado aumenta por conta das preocupações e da imaginação. A visão de si mesmo como alguém independente dá medo, mas você é parte da rede da vida, então não precisa se apegar com tanta força. Essencialmente, você é a própria consciência. O mestre zen Philip Kapleau garantiu a seus alunos que, quando os limites deles começavam a se dissolver durante os retiros, "eles não podiam brigar com o Universo".

Prática

Abordar as dificuldades com a mente e o coração abertos

Aqui está uma prática para ajudar você a se desligar do medo e da dificuldade, e para descobrir que, além do medo, também existe sabedoria em você. Ela mostrará como sua capacidade de visualizar e escutar profundamente pode transformar seu coração.

Sente-se de maneira confortável. Permita que sua respiração se acalme e volte ao momento presente. Fique em silêncio por um tempo.

Agora visualize uma dificuldade em andamento em sua vida que envolva uma ou mais pessoas.

Lembre-se de como é estar no meio dessa dificuldade. Com sua imaginação, evoque o máximo de detalhes que puder. Onde você está? Com quem está? Você está em pé ou sentado? Está falando? Está fazendo alguma coisa?

Agora preste atenção em como se sente nessa situação. Observe suas emoções e seus estados de espírito. Observe também seu nível de tensão corporal ou desconforto e como você geralmente reage numa situação como essa.

Agora repare no que as outras pessoas estão fazendo ou

dizendo nessa situação. Como se trata apenas de uma visualização, você está totalmente seguro. Mesmo tendo experimentado a situação como dolorosa ou assustadora, você se sente confiante para se imaginar nela.

Torne-se consciente de quaisquer sentimentos intensos que estão presentes e nomeie-os para si mesmo com gentileza: "medo, medo", "mágoa, mágoa", "frustração, frustração". Perceba, com grande bondade, a fragilidade subjacente a todos esses sentimentos fortes. Dê nome a qualquer sentimento que surja e permita que ele seja mantido em consciência amorosa. Somos todos seres afáveis e corajosos.

Agora, em meio a essa dificuldade, se você estiver em casa, ouça uma batida na porta. Se estiver fora, observe que uma figura está caminhando na sua direção. Vire-se para quem estiver com você nessa situação e diga: "Por favor, me dê um momento."

Quando você abre a porta ou se volta para a figura que se aproxima, descobre que um ser luminoso veio visitá-lo. Surpreenda-se ao ver quem é: uma figura de grande compaixão, compreensão e coragem. Pode ser Buda ou Kwan Yin, Nossa Senhora ou Jesus, Salomão ou Gandhi, ou um avô sábio — um ser que, em geral, representa a misericórdia e a sabedoria. Veja quem aparece.

Agora imagine que essa figura luminosa o cumprimenta e pergunta: "Você está passando por alguma dificuldade?" Sinta o afeto e a atenção no sorriso dela. "Deixe-me ajudá-lo. Vou mostrar como eu lidaria com isso. Me dê o seu corpo; vou entrar nele e terei a sua aparência. Você pode ficar invisível e me acompanhar. Ninguém notará que sou eu em seu corpo."

Então acompanhe-o até o local da dificuldade. Observe a sensação do corpo dele ao entrar. Em que estado de espírito ele enfrenta essa dificuldade? Observe como ele ouve e responde. Visualize ou imagine como esse ser luminoso traz sabedoria e compaixão às suas circunstâncias difíceis. Deixe que lhe mostre isso por um tempo.

Quando ele concluir o que se propôs fazer, deixe que se desculpe mais uma vez e siga-o de volta ao local onde vocês se encontraram.

Aqui o ser de luz lhe devolve o seu corpo e retoma sua forma original. Antes de ir, porém, oferece um presente a você, um símbolo claro da ajuda de que precisa nessa dificuldade. Se for difícil entender o símbolo, ou se ele não for evidente, ilumine-o. Permita-se ver o que é. Você pode saber.

Por fim, esse ser luminoso toca você com suavidade e sussurra em seu ouvido um conselho. Permita-se ouvir, imaginar ou pensar em suas palavras.

Depois de receber o conselho e o presente, agradeça à figura que o ajudou e permita que se vá. Abra os olhos e volte para o presente.

É surpreendente descobrir que esses seres luminosos e sábios podem aparecer a qualquer momento. Sua sabedoria e sua coragem estão sempre disponíveis! Sabedoria e coragem são um direito seu. Estão em você o tempo todo. Estão em você neste instante.

Agora dedique um momento a refletir sobre como o ser luminoso abordou sua dificuldade e o que você aprendeu com ele. Que espírito ele trouxe para o seu problema? Como ouviu, como respondeu? Anote as palavras de sabedoria que ele lhe dirigiu e o que você entendeu sobre o presente que recebeu.

À medida que você reflete, lembre-se das sensações do seu corpo quando você admitiu pela primeira vez suas dificuldades. Havia tensão, rigidez, medo, chateação, confusão? Então recorde como o corpo dessa figura sábia se sentiu à medida que ela mergulhou nas suas dificuldades. As figuras sábias trazem com elas um sentido de relaxamento físico, de centralidade, de generosidade. É como se você já soubesse qual é a sensação de aplicar a generosidade e a tolerância, assim como a coragem e a sabedoria, às suas lutas mais difíceis.

Quando você dedica um tempo a aquietar sua mente e escutar profundamente, as soluções de que você precisa lhe são reveladas. A sabedoria que você busca está dentro de você.

Capítulo 6
Perdão

*Se você quer voar, tem de desistir da
porcaria que o puxa para baixo.*
– TONI MORRISON, *Canção de Salomão*

Decepção, traição e quebra de confiança acontecem com todos. Você não é o primeiro nem será o último a passar por isso. A traição faz parte do drama humano. Você está na companhia de milhões em sua angústia. Quando ela vem, magoa. Nosso cérebro grava a dor emocional nas mesmas áreas em que registra a dor física. Mas a traição, a perda, a decepção amorosa, o arrependimento e a ansiedade, o ultraje, o vazio, o peso e as tristezas que acompanham essa dor não são o fim da história. São um capítulo difícil. Sentir a universalidade dessa luta traz algum conforto e alguma perspectiva. Essa dor não é apenas sua. É uma das dores da experiência humana, e ela exige sua sabedoria mais profunda e sua compaixão para ser curada. Ela exige que você aprenda a perdoar.

Perdoando a si mesmo e o outro

Quando meu casamento de quase 30 anos acabou, eu me senti surpreso e confuso. Liana foi o amor da minha vida e imaginei que ficaríamos casados até o fim dos nossos dias. Mas uma década após nossa amada filha ir para a faculdade, comecei a viajar mais e minha esposa me disse que queria se dedicar mais à pintura e a si mesma. Nossas necessidades mudaram; mesmo quando estávamos juntos, era nítido que não mais fazíamos um ao outro feliz. Eu tinha a ilusão de que, se me esforçasse mais para fazê-la feliz (não é uma estratégia sensata), eu também ficaria mais feliz. Por fim, decidimos que seria melhor nos separarmos.

Esse foi o início de um longo processo interior. Eu me vi analisando repetidamente os nossos trinta anos de convívio. Queria entender o que tinha sido bom e onde eu tinha errado. Ao olhar para trás, eu me sentia às vezes obsessivo, às vezes perplexo, às vezes furioso. Precisei de todo o meu treinamento em atenção plena e compaixão para superar aqueles anos dolorosos, e isso exigiu que eu me perdoasse pelos meus erros, pelas minhas expectativas e projeções. Do mesmo modo, precisei do perdão de minha ex-mulher. Isso exigiu uma prática intensa e firme, pois quando eu perdoava algo que eu tinha feito, ou mesmo ela, outra memória ou dificuldade surgia. Então eu respirava, entrava naquele sofrimento e finalmente dizia: "Isso também."

Apesar de o intenso processo de análise e de dor por cada perda ter sido crucial, apesar de eu ter conseguido honrar as características de nosso casamento, mantendo-as até o final, isso não foi suficiente. A sensação de perturbação ainda era facilmente acionada, em um ciclo interminável. O que o perdão exigia de mim era algo maior e mais sábio. Eu tinha de defender toda a dança humana, todos os casamentos e divórcios, especialmente o meu; todas as formas humanas de amor, com seu idealismo e sua dor, seu êxito e seu fracasso, sua ternura e seu coração partido. Por mim, por minha ex-mulher, por todos aqueles que conhecíamos e com quem compartilhávamos nossas vidas e a quem amávamos. Eu tinha de fazer com que tudo ficasse bem e entender que aquilo não me define. "Como um professor de atenção plena e bondade amorosa pode se divorciar?", me perguntaram.

Como um ser humano, é assim.

Exteriormente, à medida que nossa vida se desenrola, assumimos uma multiplicidade de identidades e papéis. Como descreveu Shakespeare, "um homem em seu tempo de vida desempenha muitos papéis", enquanto nós "nos esforçamos e nos preocupamos com nossa hora no palco". Aprendemos a desempenhar papéis que nos deram ano após ano – criança e aluno, funcionário e amante, pai ou mãe e profissional, paciente e terapeuta. Mas esses papéis não são nossas verdadeiras identidades. E podemos aprender a ver além deles.

Seu espírito não é limitado por sua história

Ram Dass, um conhecido professor da prática hindu, nasceu judeu. Um aluno de um de seus cursos perguntou se ele havia rejeitado o judaísmo. Ram Dass respondeu que tinha grande respeito pelo ensino judaico e apreciava em especial as tradições místicas do hassidismo e da cabala. "Porém não se esqueça", ele brincou. "Só sou judeu por parte dos meus pais!"

Nosso histórico familiar não nos define. Sujatha Baliga, uma ex-defensora pública, agora dirige o projeto de justiça restaurativa do Conselho Nacional de Crime e Delinquência em Oakland. Ela nasceu e foi criada em Shippensburg, Pensilvânia, filha mais nova de imigrantes indianos. Desde que consegue lembrar, Sujatha sofreu abuso sexual por parte do pai. No início da adolescência, começou a tingir o cabelo de azul e a se cortar. Depois, aos 14 anos, dois anos antes de o pai morrer de ataque cardíaco, ela entendeu a razão de seu sofrimento: o que seu pai fazia era terrivelmente errado.

Apesar dos tormentos de sua infância, Sujatha se destacou na escola. Como estudante de graduação em Harvard, ela decidiu que queria se tornar promotora para prender molestadores de crianças. Depois da faculdade, mudou-se para Nova York e trabalhou com mulheres agredidas enquanto esperava para saber se tinha sido aceita na faculdade de direito. Quando seu namorado ganhou uma bolsa para iniciar uma escola em Mumbai, ela decidiu acompanhá-lo antes de começar o primeiro ano de direito.

Enquanto estava na Índia, Sujatha teve o que ela chamou de "colapso total". Ela lembra que pensava: "Ai, meu Deus, preciso melhorar antes de começar o curso de direito." Então decidiu pegar um trem para Dharamsala, cidade no Himalaia que é sede de uma grande comunidade de exilados tibetanos. Lá, ouviu dos tibetanos "histórias horríveis sobre a perda de entes queridos enquanto eles tentavam escapar do Exército chinês invasor", ela me contou. "Mulheres estupradas, crianças obrigadas a matar os pais, coisas terríveis. Então eu perguntava: 'Como você consegue se levantar, até mesmo sorrir?' E todos diziam: 'O perdão.' Quando me perguntaram por que eu sentia tanta raiva, contei o que tinha acontecido e me disseram: 'Isso é realmente muito louco.'"

A família que administrava a pousada onde Sujatha se hospedara disse a ela que as pessoas sempre escreviam ao Dalai Lama pedindo conselhos e sugeriram que ela tentasse fazer isso. Sujatha escreveu algo assim: "A raiva está me matando, mas ela motiva o meu trabalho. Como você trabalha em nome de pessoas oprimidas e agredidas sem ter a raiva como força motivadora?" Ela deixou a carta num compartimento em frente ao portão do lugar onde vivia o Dalai Lama e lhe disseram para voltar na semana seguinte. Quando voltou, em vez de receber uma carta como resposta, Sujatha foi convidada a se encontrar com o Dalai Lama em particular por uma hora.

No encontro, ele lhe deu dois conselhos. O primeiro foi a meditação. Ela disse que tudo bem, poderia meditar. O segundo foi "me aliar ao meu inimigo, considerar a ideia de abrir meu coração para ele. Eu dei uma gargalhada: 'Vou fazer a faculdade de direito para colocar esses caras na prisão! Não vou me aliar a ninguém.' Ele tocou meu joelho e disse: 'OK, apenas medite.'"

Sujatha Baliga voltou ao Estados Unidos e se inscreveu em um curso de meditação de dez dias. No começo, teve que aprender a aplicar a atenção plena a todos os seus tormentos e sofrimentos. Então, à medida que Sujatha aprendia a prática formal da bondade amorosa, em que enviamos compaixão a nós mesmos, a nossos entes queridos, a pessoas estranhas e até àqueles que nos prejudicaram, o coração dela se abriu. No último dia do curso, ela teve uma experiência espontânea de perdão em relação ao pai. Chorou e, de alguma forma, perdeu seu desejo de vingança e encontrou coragem para continuar seu trabalho movida pela compaixão, não pela raiva. No último inverno, sentada de pernas cruzadas em uma poltrona em sua casa em Berkeley, ela descreveu a experiência como uma "renúncia à raiva, ao ódio e ao desejo de desforra e vingança".

Depois de se formar na faculdade de direito, Sujatha trabalhou como assistente de um juiz em Vermont. "Foi quando vi pela primeira vez a justiça restaurativa em ação", ela contou. Hoje uma líder em sua área, Sujatha reúne com atenção e cautela agressores e vítimas que aceitam se encontrar para conduzir um processo delicado e doloroso de ouvir, responder, entender, perdoar e se reconciliar. É um trabalho sagrado – de cura e redenção das almas partidas. Dessa forma, ela cumpriu a segunda parte da recomendação do Dalai Lama.

Você também pode se libertar de sua história sofrida. Apesar de ser importante aceitar o seu passado, ele não precisa definir quem você é. Sua identidade não se limita à sua biografia pessoal ou à ideia que você faz de si mesmo. As histórias que contamos de nosso passado são escritas em água. Pesquisas mostram que muito do que lembramos não é verdade. Mesmo que o relato pareça preciso, ele é uma colcha de retalhos de associações, histórias repetidas e imaginação.

Você é atemporal. Sempre que esquecer isso e se identificar com as histórias que sua mente produz sobre quem você é, olhe novamente.

Aceitando o passado

Numa história famosa da Índia antiga, uma jovem chamada Kisa Gotami desejou ter um filho durante anos. Depois de finalmente dar à luz, a criança ficou doente e morreu. Ela enlouqueceu com o sofrimento. Enquanto vagava, atordoada, carregando o corpo de seu filho, Kisa Gotami encontrou um velho que ouviu seus lamentos e disse-lhe para ver o Buda. Ela implorou ao Buda que trouxesse seu filho de volta e, surpreendentemente, ele concordou. Mas, primeiro, disse a ela que precisava trazer uma semente de mostarda, um tempero comum, de uma família em que ninguém tivesse morrido. Ela foi até a vila e bateu, desesperada, de casa em casa. Todos tinham a semente de mostarda para oferecer àquela mãe chorosa, mas, quando ela fazia a segunda pergunta, não havia uma família que não tivesse sofrido a morte de um irmão, de uma filha, de um tio ou de uma mãe. Exausta e devastada, Kisa Gotami começou a perceber que ninguém está protegido da dor da mortalidade. Ela retornou ao Buda, ainda sofrendo, porém agora mais sábia. Ele a consolou com compaixão e a instruiu nos ensinamentos de libertação que aliviaram seu coração, que já aceitava a morte do filho.

Nossa cultura ainda nega a realidade do envelhecimento e da morte, ou mesmo do nascimento. Não faz muito tempo, mulheres solteiras grávidas eram mandadas para abrigos onde viviam outras como elas, humilhadas e escondidas durante meses. Quando entravam em trabalho de parto, eram levadas ao hospital para dar à luz, seu parto era induzido para se ajustar à programação de médicos que expressavam sua censura e depois os bebês eram tomados delas. As mulheres voltavam a suas casas com a instrução: "Não fale sobre isso com ninguém!" Imagine dar à luz, uma das experiências humanas mais fortes, e ser proibida de falar sobre isso, fingir que esse evento transformador não aconteceu.

Para libertar-se do passado você precisa reconhecer o que aconteceu e entender como isso o influenciou. O passado está aqui, consciente ou inconscientemente, preso em seu corpo, em seus sentimentos e em sua mente. É fundamental aceitar a perda antes de dar o passo seguinte e deixar para lá. Com isso, você pode praticar o perdão e, ao mesmo tempo, recorrer à meditação, à terapia, ao trabalho com o trauma, à arte e à força interior para ajudá-lo a tocar e curar a traição e o trauma.

O coração do perdão

Para perdoar e ser livre você precisa aceitar sua cota de sofrimento, traição, a história difícil completa, e envolvê-la em toda a compaixão que puder. Lembre-se de que você é maior do que qualquer coisa que aconteça com você. Então poderá direcionar seu coração para o perdão.

Molly, formada em economia numa faculdade renomada, era gerente de uma organização sem fins lucrativos voltada para apoiar mulheres sem-teto. Quando veio me ver, estava tão exausta e estressada que vinha trabalhando apenas meio período. A depressão e a ansiedade eram seus estados-padrão e ela estava também muito sensível a ofensas. Era fácil perceber que carregava um grande sofrimento. Seus pais foram ausentes e beberam muito durante a maior parte de sua infância solitária. Quando estavam presentes, eram cruéis e críticos. Mesmo adulta, trabalhando para conseguir fazer faculdade e construir uma carreira de sucesso, ela raramente se sentia alegre ou tranquila.

Para se libertar, Molly começou a estudar a prática da compaixão. Ela levou sua carga de solidão e tristeza para Quan Yin, a deusa chinesa da compaixão, como muitos fazem com Nossa Senhora. Entregou-se a essa prática durante meses e se sentiu envolta por uma ternura sem crítica. Depois, no final do ano, visualizou seus pais cruéis no colo de Quan Yin.

Mais tarde, à medida que seu coração ficava mais leve, ela refletiu sobre a negligência e a pobreza de seu passado e percebeu que a ideia de definir a si mesma por sua criação abusiva começava a se dissolver. Não que o sofrimento não tivesse acontecido, mas ele já acabara havia muito tempo e ela podia deixá-lo ir. Quando o sol iluminou o tapete oriental azul em sua sala de estar e fez os amores-perfeitos da jardineira na janela brilharem, ela percebeu que pela primeira vez na vida se sentia conscientemente feliz.

Coragem e clareza

Perdoar a nós mesmos e os outros é o fundamento para a cura. Sem isso, nossas vidas permanecem acorrentadas e somos forçados a repetir o sofrimento do passado sem alívio. Considere este diálogo entre dois ex-prisioneiros de guerra:

– Você já perdoou seus captores?

– Não, nunca!

– Bem, então você ainda é prisioneiro deles, não é mesmo?

Sem o perdão, perpetuamos a ilusão de que o ódio pode curar nossa dor e a dor dos outros. Mesmo as pessoas que sofreram em guerras trágicas e nos conflitos da Bósnia, do Camboja, de Ruanda, da Irlanda do Norte e da África do Sul tiveram que encontrar caminhos para o perdão. Muitas vezes isso exige perdoar o imperdoável, libertar de maneira consciente o coração das garras dos atos terríveis dos outros. Independentemente de quais traumas nosso passado guarda, precisamos descobrir maneiras de seguir em frente. É a única forma de cura.

Perdoar exige coragem e clareza. As pessoas erroneamente acreditam que o processo consiste em perdoar e esquecer. O perdão não esquece, muito menos desculpa o passado. Ele reconhece o que é injusto, prejudicial e errado. Tem a coragem de reconhecer o sofrimento do passado e de entender as condições que o viabilizaram. Com o perdão, você também pode dizer: "Nunca mais permitirei que essas coisas aconteçam. Nunca mais permitirei que eu e outras pessoas corram tamanho risco."

Perdoar não significa que você deve continuar em contato com aqueles que o prejudicaram. Em alguns casos, a melhor opção pode ser cortar a comunicação de uma vez por todas. Às vezes, no processo de perdoar, a pessoa que o feriu ou traiu pode querer fazer as pazes, mas mesmo isso não implica se colocar diante de mais riscos. Em suma, perdoar significa apenas deixar o outro sair de seu coração.

A prática do perdão leva tempo. Ela não esconde o que aconteceu. Tampouco pede que você reprima ou ignore a dor. O perdão pode incluir um longo processo de luto, indignação, tristeza, perda e dor. E levar a um desdobramento profundo de aceitar o luto e a mágoa repetidas vezes no coração. E, no próprio ritmo, o perdão amadurece e se transforma na liberdade de realmente remover da mente o que aconteceu.

O mais importante é que devemos nos perdoar por qualquer mal que tenhamos causado. Assim como os outros ficaram presos no sofrimento, nós também ficamos. Enviar o perdão a nós mesmos é essencial. Se olharmos com honestidade para nossas vidas, podemos ver as tristezas e a dor que levaram aos nossos atos negativos. Ao mostrar compaixão pelo sofrimento que causamos, podemos estender o perdão a nós mesmos. Sem essa misericórdia, viveremos sempre no exílio. Segundo a escritora Maxine Hong Kingston, que liderou um grupo de escrita com veteranos de guerra durante 20 anos, o lema do grupo era: "Diga a verdade e assim faça a paz."

A verdadeira libertação

O livro *Offerings at the Wall* (Oferendas no muro) é uma coletânea fotográfica de cartas e oferendas que foram colocadas no Memorial de Veteranos do Vietnã, em Washington. Ele transmite visivelmente a força do perdão. Visito regularmente o comprido painel de pedra escura com 58 mil nomes gravados e vi muita gente parada lá em silêncio. Algumas pessoas levam flores, outras, apenas lágrimas. Uma das imagens no livro é uma reprodução pequena da fotografia de um soldado vietnamita com uma menina. A foto foi deixada lá por um veterano americano em 1989 com este bilhete:

Caro senhor,

Durante 22 anos eu carreguei sua foto na minha carteira. Eu tinha apenas 18 anos no dia em que nos encontramos naquela trilha em Chu Lau, Vietnã. Por que o senhor não me matou eu nunca saberei... Perdoe-me por tirar a sua vida; eu reagi da forma como fui treinado... Muitas vezes ao longo dos anos eu olhei para essa foto sua com sua filha. A cada vez meu coração e minhas entranhas queimaram com a dor da culpa. Tive duas filhas e penso no senhor como um soldado valente defendendo sua terra natal.

Acima de tudo, agora eu consigo respeitar a importância que a vida tinha para você. Imagino que por isso estou aqui hoje. É hora de continuar o processo da vida e liberar a dor e a culpa. Perdoe-me, senhor.

Richard Luttrell, o soldado que escreveu essa carta, viveu com remorso e profundos questionamentos por muitos anos. Um dia ele voltou ao Vietnã para tentar devolver a foto e pedir perdão. Em Hanói, as autoridades indicaram uma vila no campo. Lá ele encontrou a filha, já adulta, e o filho do homem que matou. Richard explicou quem era e chorou enquanto entregava uma cópia da foto. Pediu perdão. Os órfãos choraram com ele e se emocionaram por ele ter ido lá. Depois disseram que podiam sentir o espírito amoroso de seu pai agora renascido nele.

Independentemente de quão extremas tenham sido as circunstâncias, a libertação do passado é possível. Confrontar a violência e o abuso, de outros ou nossos, muitas vezes exige uma resposta vigorosa. É preciso praticar o perdão para que uma liberdade mais plena possa nascer.

Vou matar você

Num trem de Washington para a Filadélfia, sentei-me ao lado de Robert Brown, um afro-americano que trabalhou para o Departamento de Estado dos Estados Unidos na Índia e pediu demissão para administrar um programa de reabilitação de jovens infratores no distrito de Colúmbia. A maioria dos jovens com os quais ele trabalhava eram membros de gangues que tinham cometido assassinatos. Um garoto de 14 anos do programa, que morava nas ruas antes de matar, tinha assassinado um rapaz inocente para provar seu valor diante de sua gangue. No julgamento, a mãe da vítima permaneceu impassível, quieta até o fim, quando o jovem foi condenado pelo assassinato. Após o veredito ser anunciado, ela se levantou bem devagar, olhou diretamente para o garoto e declarou: "Vou matar você." Então o prisioneiro foi levado para cumprir pena numa instituição para infratores jovens.

Passado um ano, a mãe do adolescente assassinado foi visitar o matador de seu filho. Ele não tinha recebido nenhuma visita na instituição. Conversaram por um tempo e, na hora de ir embora, ela deixou dinheiro para ele comprar cigarros. Aos poucos, a mulher começou a visitá-lo com mais regularidade, levando comida e pequenos presentes. Perto do fim do cumprimento de sua sentença de três anos, ela perguntou o que ele pretendia fazer quando saísse. O garoto não sabia, então ela se ofereceu para arranjar-lhe um emprego na empresa de uns amigos. Depois perguntou onde ele viveria. Como o menino não tinha família, ela ofereceu a ele o quarto vago que tinha em casa, temporariamente.

Durante oito meses ele morou lá, comeu a comida dela e trabalhou no emprego arrumado por ela. Então, uma noite, a mulher o chamou na sala para conversar. Sentou-se na frente dele e demorou a falar:

– Você se lembra de quando, no tribunal, eu disse que ia matá-lo?

– Lembro, com certeza – ele respondeu.

– Eu não queria que o garoto que matou meu filho sem motivo ficasse vivo nesta Terra. Eu queria que ele morresse. É por isso que comecei a visitar você e a levar coisas. É por isso que agora você tem um emprego e vive na minha casa. Foi assim que comecei a mudar você. Aquele garoto de antigamente desapareceu. Agora que meu filho já não existe mais e aquele assassino também não, quero perguntar se você ficaria aqui. A casa é grande e gostaria de adotá-lo, se você quiser.

Aquela mulher virou mãe do assassino do filho, a mãe que ele nunca teve.

Desapegar-se: O acorde que completa a canção

Ajahn Chah me ensinou: "Se você se desapegar um pouco, terá um pouco de paz. Se você se desapegar bastante, terá muita paz. Se você se desapegar totalmente, estará livre de verdade." Desapegar-se é a solução. Mas o termo *desapegar* pode ser meio contraditório. Achamos que significa afastar o passado, mas isso não é correto. Quando rejeitamos e oferecemos resistência a algo, mantemo-nos conectados, presos a uma luta. Nesse sentido, a expressão "deixar *estar*", em contraposição a "desapegar-se", pode expressar a liberdade de relaxar com mais acuidade. Existe em você uma sensação, uma intuição que sabe quando você libertou o aperto em seu coração. É como um acorde que completa a canção.

Para chegar a esse nível, é preciso aceitar, com atenção plena e cuidado, o grau de suas dificuldades. Quando você faz as pazes com o passado e inunda-o de compaixão, gradualmente o passado perde sua força. Com o tempo, as dores da infância, as lutas e os traumas dos últimos anos se tornam menores, um pouco mais suaves e menos tóxicos. Embora você reconheça as cicatrizes que carrega em seu corpo e em sua memória, elas não precisam defini-lo. Você pode deslocar o seu foco para o seu bem-estar. Pode dizer: "Reconheço a dificuldade, mas não deixarei que ela aprisione o meu coração." O professor de zen Ed Brown expressou isso em um *gatha*, um poema sobre a atenção plena:

*Lavando as mãos
eu limpo a mente
do mesmo pensamento antigo...
e me ofereço para ajudar
em cada nova tarefa.*

Seguir em frente significa abrir mão dos pensamentos obsessivos sobre o passado, as traições, os conflitos e as decepções. Por meio do perdão a nós mesmos e a outros, deixamos que os problemas fiquem no passado e avançamos com a corrente da vida, reconhecendo o que aconteceu sem deixar que os problemas nos encarcerem.

Prática

Meditação do perdão

Para praticar a meditação do perdão, sente-se de maneira confortável. Feche os olhos e deixe sua respiração ficar natural e tranquila. Relaxe seu corpo e sua mente. Respire suavemente na região do coração e permita-se sentir todas as barreiras que você ergueu, bem como as emoções que você guarda porque não perdoou — nem a si mesmo nem a outros. Sinta a dor de manter o coração fechado. Então respire com delicadeza e comece a pedir e a oferecer perdão, repetindo as palavras a seguir e deixando as imagens e os sentimentos que surgirem se intensificarem à medida que realiza a repetição.

PEDINDO PERDÃO A OUTROS

Repita e reflita: "Eu magoei e prejudiquei outras pessoas de muitas maneiras, assim como as traí e as abandonei, fazendo-as sofrer, de forma consciente ou inconsciente, por causa da minha dor, do meu medo, da minha raiva e da minha confusão." Permita-se relembrar e visualizar as maneiras como você magoou os outros. Veja e sinta a dor que causou por conta de seu medo e sua confusão. Conscientize-se de sua tristeza e sinta o seu arrependimento. Sinta que você pode finalmente se livrar dessa carga e pedir perdão. Evoque uma ou mais memórias que ainda pesam em seu coração e então repita em sua mente, para uma pessoa de cada vez: "Peço perdão pelo modo como magoei você por causa do meu medo, da minha dor, da minha raiva e da minha confusão. Que eu seja perdoado."

OFERECENDO PERDÃO A SI MESMO

Repita: "Assim como magoei outras pessoas, também magoei a mim mesmo de diversas maneiras. Traí e abandonei a mim mesmo muitas vezes em pensamentos, palavras ou ações, de forma consciente ou inconsciente." Sinta como seu corpo e sua vida são preciosos. Permita-se ver como você se magoou e se prejudicou. Rememore e visualize cada uma das ocasiões em que isso aconteceu. Sinta a tristeza que advém disso e perceba que é possível se livrar desse peso. Ofereça-se o perdão por cada uma dessas ocasiões. Repita para si mesmo: "Pelo modo como eu me magoei por meio de ações e inações, por medo, dor e confusão, eu agora ofereço a mim mesmo um perdão completo e sincero. Eu me perdoo, eu me perdoo."

OFERECENDO PERDÃO A QUEM MAGOOU OU PREJUDICOU VOCÊ

Repita e reflita: "Fui prejudicado, traído, agredido ou abandonado por outras pessoas de várias maneiras, de forma consciente ou inconsciente, em pensamentos, palavras ou ações." Permita-se lembrar e visualizar essas várias maneiras. Sinta a tristeza que você traz do passado e perceba que pode se libertar dessa carga de sofrimento oferecendo o perdão quando seu coração estiver pronto. Diga a si mesmo: "Eu agora me lembro de uma das maneiras como os outros me magoaram, prejudicaram ou machucaram por causa do medo, da dor, da confusão e da raiva que eles sentiam. Guardei esse sofrimento em meu coração por muito tempo. Quando eu me sentir pronto, ofereço o meu perdão. A aqueles que me prejudicaram, oferecerei o meu perdão. Eu perdoo vocês."

Repita baixinho essas três instruções de perdão até sentir alívio em seu coração. No caso das dores mais intensas, você pode não sentir alívio, mas o peso, a angústia ou a raiva que guardou. Aborde isso com delicadeza. Perdoe-se por não estar pronto para desapegar-se e seguir em frente. O perdão não pode ser forçado, não pode ser artificial. Você pode estar determinado a perdoar e continuar praticando, de modo a deixar as palavras e as imagens trabalharem aos poucos, seguindo o próprio ritmo. Com o tempo, será possível incorporar a meditação do perdão à sua rotina, desapegando-se do passado e abrindo o coração para cada novo momento com uma sábia bondade amorosa.

Capítulo 7
Livre das emoções incômodas

Dê-me tudo que estiver mutilado e ferido e eu transformarei em luz para fazer você chorar e nós teremos chuva e recomeçaremos.
– Deena Metzger

Liberdade não significa lutar contra ou reprimir emoções perturbadoras. Essa seria outra forma de tirania. Para ser livre, você precisa primeiro ter consciência dessas emoções para, então, aprender a trabalhar com elas de maneira inteligente.

Rezando por nossos inimigos

Há muitos anos, ajudei a coordenar uma reunião sobre reforma prisional e transformação humana, juntando o Dalai Lama e 25 ex-prisioneiros, todos recém-libertados de prisões dos Estados Unidos. A maioria deles tinha cumprido longas penas em penitenciárias estaduais e foram convidados porque tinham passado por grandes transformações pessoais ao se inscreverem num dos programas de atenção plena do Prison Dharma Network oferecidos por voluntários em todo o país.

O Dalai Lama trouxe duas jovens monjas tibetanas que foram presas no Drapchi 14 quando eram adolescentes por terem recitado em público orações em tibetano. Os prisioneiros americanos falaram primeiro, contando suas histórias de sofrimento e de transformação, informando o Dalai Lama sobre os benefícios dos programas de que tinham participado e oferecendo detalhes reveladores sobre a crueldade perpetrada nas terríveis e superlotadas prisões dos Estados Unidos. O país tem o maior sistema prisional do mundo.

Eles falaram de lutas interiores e dos anos em que trabalharam corajosamente para transformar suas vidas. Uma das ex-prisioneiras, Anita, era uma mulher muito simpática de 39 anos. Estava livre fazia dois anos, depois de cumprir pena de 14 anos por ter sido cúmplice relutante de um assalto à mão armada. Anita descreveu como ela e as outras mulheres de seu grupo se tornaram duras e territorialistas por conta das condições degradantes das prisões. Para permanecer saudáveis compartilhando celas mínimas de segurança máxima, elas estabeleceram rotinas simples e limites rígidos. De tempos em tempos, essas rotinas eram interrompidas pela chegada de prisioneiras que cumpririam penas curtas, de menos de um ano. Porém, por causa da superlotação, essas novatas eram obrigadas a dividir as celas com condenadas a longas penas. Em geral, as recém-chegadas eram afastadas e ignoradas.

Anita ficou desconfiada quando Noni, uma mulher quieta, foi colocada na mesma cela que ela por quatro meses. "Você pode pôr suas coisas aqui", disse à nova colega. "Essa é a parte da cela que você usará. Não se espalhe." Durante muitos dias, Anita observou que sua nova companheira parecia enjoada e deprimida. Pouco saía de sua cama e mal se alimentava. Depois, ela começou a vomitar, especialmente pelas manhãs. Anita percebeu que Noni estava grávida.

Ela pensou na jovem e em seu bebê. Não parecia certo uma futura mãe passar fome. Isso estava afetando o bebê. Anita se viu confortando Noni e ouvindo a história de sua vida. Aos poucos ela se tornou sua confidente e protetora, fazendo o possível para deixá-la mais confortável e certificando-se de que estava comendo. A notícia sobre a garota grávida se espalhou e mulheres de todos os cantos do bloco de segurança máxima começaram a ajudar com alimentos especiais e apoio. A compaixão por Noni e seu bebê uniu as prisioneiras.

Alguns meses depois de Noni ser libertada, chegou a notícia de que sua filha, batizada de Julia, nascera de maneira segura. As prisioneiras, que se sentiam tias e avós de Julia, comemoraram. Uma nova vida tinha transformado a tristeza de suas celas. Mais do que ninguém, Anita mudou. A vida nova em Noni tinha derrubado as barreiras de seu coração e aberto um caminho de cura e redenção que ela levou seis anos para percorrer. Anita, que se sentia tão dura e fechada em relação a outras pessoas, descobriu uma vida nova em si mesma. Hoje, trabalha em horário integral em projetos que levam esperança a mulheres encarceradas.

Depois que os prisioneiros americanos falaram sobre as privações de seus anos de prisão, o Dalai Lama convidou as duas jovens monjas a falar.

Elas descreveram os anos em que foram surradas, passaram fome, submeteram-se a torturas com descargas elétricas e como, ainda assim, continuaram recitando suas orações. O Dalai Lama perguntou se elas em algum momento tiveram medo. "Sim", responderam. Seu maior medo era perder a compaixão e permitir que o ódio invadisse seu coração. Havia apenas uma coisa que elas podiam fazer, revelaram: "Nós rezávamos pelo inimigo." Então uma das ex-presidiárias tatuadas e corpulentas da Louisiana falou, com os olhos úmidos: "Eu vi coragem na prisão, mas nada como vocês, garotas."

Essas histórias, descrições de circunstâncias extremas ou de dificuldades comuns, nos lembram do que é possível fazer hoje. Em meio a sua alegria e sua angústia, como está seu estado de espírito hoje? Surpreso, derrotado, triste? Você perdeu a sua fé? Como Elija, que ficou preso desde a adolescência, você está preso de alguma forma aguardando a luz e as circunstâncias para mudar? Você pode sair. Quer esteja no trabalho, com a família ou com a comunidade, ou apenas dentro de seu corpo, seu espírito é livre. É importante nos lembrarmos disso quando enfrentamos um trauma.

Forças interiores poderosas

A psicologia moderna cataloga 300 transtornos. A psicanálise fala da psique primitiva. A neurociência descreve o cérebro reptiliano como uma estrutura primitiva localizada na base do encéfalo, no tronco cerebral humano. As tradições espirituais têm listas de pecados mortais, emoções destrutivas, demônios interiores e venenos para a mente. Todos nós reconhecemos como a mente humana pode ser tomada por ganância, cobiça, ódio, orgulho, inveja, ciúme, delírio, raiva e avareza. Essas forças poderosas afetam pessoas, comunidades e nações.

O primeiro passo para trabalhar essas energias difíceis é vê-las com clareza. Use a força da atenção plena, da bondade amorosa. Chloe, uma jovem que veio para um retiro de adolescentes, revelou que muitas vezes se perdeu na depressão e na bebida e que já havia se cortado, entre outros comportamentos autodestrutivos. Ela rejeitara todas as sugestões feitas por seus pais, mas, numa tarde de desespero, pegou um livro sobre atenção plena e ioga na biblioteca de sua mãe. "Foi como encontrar um remédio incrível e poderoso, quase bom de mais para ser verdade. O livro me mostrou que eu podia ter consciência de meus pensamentos e sentimentos, mas não precisava acreditar neles!", ela disse. Ao reconhecer atentamente seus sentimentos, Chloe percebeu que não se sentia mais tão presa, e aí tudo começou a mudar.

A bondade amorosa nos permite sair do paradigma do elogio e da culpa. Quando estamos inconscientes, presos a estados de espírito em que a crítica, a raiva, a rigidez, a compulsão e o preconceito são a regra, expressamos em ações esses sentimentos. E então colocamos a culpa por esses problemas nos outros. Ainda assim, se olharmos mais profundamente, descobriremos que nossa insegurança e nossa vulnerabilidade muitas vezes estão por trás da culpa. Nós usamos a culpa porque consideramos esses estados de espírito difíceis de aceitar. Segundo James Baldwin, "uma das razões pelas quais as pessoas se apegam ao ódio e ao preconceito de maneira tão acirrada é o sentimento de que, se o ódio desaparecer, elas serão forçadas a lidar com a própria dor".

Quando você é incapaz de suportar a sua cota de dor, de reconhecer as inseguranças e limitações da vida, tende a acreditar que a causa está nos outros. Historicamente, nós, americanos, projetamos nossa insegurança e nosso medo em uma série de inimigos do momento – comunistas, gays, negros, judeus, muçulmanos e imigrantes. O resultado são o racismo, a intolerância, a injustiça e a guerra. O crítico P. J. O'Rourke escreveu: "Um dos aspectos desagradáveis de acreditar no livre-arbítrio e na responsabilidade individual é a dificuldade de encontrar alguém para culpar por seus problemas. Quando você encontra alguém, é incrível como a foto dessa pessoa é a mesma que aparece na sua carteira de motorista."

Aliando-se ao problema

A boa notícia sobre essas forças interiores poderosas é que você pode usar a consciência para compreendê-las e domesticá-las. Quando você admite conscientemente seu medo, sua raiva, seu desejo ou sua solidão, passa a conhecê-los e então é possível lidar com eles. Se você está solitário, por exemplo, analise a situação. O poeta sufista Hafiz avisou: "Não renuncie à sua solidão tão depressa. Deixe-a cortar mais fundo. Deixe que ela o amadureça como poucas situações são capazes de fazer." Se você não consegue tolerar a solidão, o tédio e a ansiedade, fugirá sempre. No momento em que se sentir solitário e entediado, poderá abrir a geladeira ou entrar na internet, ou fazer qualquer coisa para evitar estar consigo mesmo. Porém, com a bondade amorosa, você é capaz de suportar, aceitar e valorizar a solidão e o isolamento. As duas situações podem ser informativas. Elas podem ensinar-lhe algo sobre você mesmo, sobre seus anseios e sobre o que negligenciou por muito tempo. E podem ajudá-lo a encontrar uma liberdade mais profunda.

Com o luto é a mesma coisa. Os Lakota Sioux valorizam muito esse tempo, que, acreditam, aproxima a pessoa do Grande Espírito. Quando eles querem enviar uma mensagem para o outro lado, pedem a um membro de uma família enlutada que a entregue. Caso esteja se sentindo ansioso, enciumado, compulsivo ou com raiva, sua liberdade aumenta se você deslocar a consciência nessa direção. Morrendo de câncer e sentindo dores atrozes, o professor zen Myogen Steve Stücky dizia a seus amigos e alunos: "Encontrei alívio para o sofrimento não me afastando do que é mais difícil, e sim me aproximando."

Na minha vida, tive de aprender isso em relação à raiva. Meu pai era violento, agressivo e batia na mulher, dominando toda a nossa família com suas imprevisíveis explosões de ira e paranoia. Quando ele ficava mais agressivo, eu fugia e minha mãe escondia garrafas atrás das cortinas de cada cômodo para poder se defender dos golpes dele.

Decidi que nunca seria como ele. Eu me tornei um pacificador familiar, mediando discussões sempre que podia. Então, quando fui morar como um jovem monge em um mosteiro numa floresta na Tailândia, achei que seria tranquilo e fácil. Eu estava despreparado para a intensidade de minha mente inquieta e para o surgimento do luto, do desejo e da solidão. Porém o mais surpreendente foi a minha raiva. Ao não querer ser violento como meu pai, eu a tinha reprimido – e era perigoso até mesmo senti-la. Mas, na meditação da consciência e no isolamento, todas as coisas que me irritavam vieram à tona. Foi mais do que raiva, foi fúria. Primeiro, contra meu pai, por ele ser tão nefasto para nossa família. Depois, porque ele me assustava e eu tinha reprimido isso. Fiquei zangado comigo mesmo por todas as ocasiões em que sufoquei minha raiva.

Ajahn Chah disse para eu mergulhar nessas sensações, para me enrolar em túnicas mesmo nos dias quentes e aprender a aguentar o calor. Mais tarde, meu terapeuta reichiano me fez respirar fundo, emitir sons, gritos, fazer caretas e me debater até expressar toda a dor da fúria, e então chorar. Nesses anos de meditação e terapia, aprendi a trabalhar a raiva e descobri que ela é uma energia que pode ser conhecida e tolerada, não temida. Eu precisava identificar quando ela estava presente e entender que *podia* senti-la de maneira integral, sem me tornar vingativo ou violento como meu pai.

Também entendi que, se for compreendida, a raiva tem valor. Ela é um protesto quando nos sentimos magoados ou assustados ou quando nossas necessidades não são atendidas. Às vezes ela traz até mesmo clareza. Os gregos antigos consideravam a raiva uma emoção "nobre" porque ela nos dá força para defender o que mais prezamos. À medida que comecei a entender a raiva, consegui ver com mais nitidez a frustração, a mágoa e o medo que estavam por trás dela. Minha sensação de liberdade cresceu conforme fiquei mais inteligente em relação a ela;

lentamente, sua energia foi transformada em compaixão por mim mesmo e pelos outros. Agora, ajudar as pessoas com suas emoções é parte da minha profissão.

Resolvendo conflitos

Arturo Bejar, um amigo, atuou como um dos engenheiros-chefes do Facebook. Seu trabalho incluía responder aos problemas e reclamações dos membros dessa rede social. Ele ri ao explicar que, pelo fato de o Facebook ser tão grande, não demora muito para que 1% dos usuários registre 1 milhão de reclamações. Quando surgiam reclamações na área de engenharia, era simples: Arturo as enviava para que os engenheiros fizessem os ajustes. Mas muitas queixas eram sobre problemas interpessoais e sobre sentimentos como raiva, ressentimento, culpa e mágoa: "Alguém publicou uma foto minha de que eu não gosto", "Alguém publicou uma história sobre os meus filhos e ele não tem o direito de fazer isso", "Alguém escreveu coisas sobre mim que não estão muito certas".

No começo, a resposta do Facebook era enviar sua política legal, que explicava que a rede tiraria do ar foto ilegais, sem direitos autorais, indecentes, lascivas, etc. Porém Arturo percebeu que essa política deixava muita gente insatisfeita. Ele sentiu que as pessoas precisavam conversar umas com as outras. Então começou a sugerir aos usuários que, se estivessem insatisfeitos com algo que outra pessoa havia feito, deviam entrar em contato diretamente com essa pessoa e tentar resolver o problema. Depois, entendeu que eles podiam precisar de ajuda para fazer isso. "Diga a elas o que está preocupando você", sugeriu, e, para deixar a comunicação ainda mais clara, completou: "Diga a elas como você se sentiu diante do que fizeram."

Arturo então descobriu que muitas vezes as pessoas não sabem como se sentem, sobretudo quando há alguma dificuldade. Ele sugeriu aos usuários que aprendessem a reconhecer seus sentimentos. Chegou a mandar emoticons para motivá-los a identificar a dor, a confusão, a preocupação, a raiva, a tristeza, o medo ou a depreciação. Por fim, para aprimorar a resolução dos conflitos, Arturo sugeriu enviar uma pesquisa simples com uma pergunta do tipo "O que o levou a publicar isso?" ou "Qual foi sua intenção?".

Os resultados foram sensacionais. Oitenta e cinco por cento das dificuldades foram resolvidas apenas por esse processo. Frequentemente o agressor respondia: "Achei que você estava bem naquela foto. Sabendo que ficou chateado, é claro que vou deletar o post." Ou: "Desculpe, achei que seria engraçado publicar algo sobre os seus filhos." Segundo Arturo, "tenho a oportunidade de ensinar inteligência emocional e resolução de conflitos a 950 milhões de pessoas!".

Enfrentando os demônios

Quando você enfrenta as energias interiores que mais o assustam, sobrecarregam e oprimem, é importante não se identificar com elas, mas manter-se presente com a mente observadora que não toma partido. A liberdade vem quando você reconhece as ondas de emoções, vê essas energias como elas são e não se deixa seduzir pelas histórias dramáticas que sua psique criou.

A fim de se livrar do próprio medo, Buda refletiu: "Como seria se, na escuridão da lua, eu entrasse nos lugares mais assustadores, perto de túmulos e no meio da floresta densa, para poder entender o medo e o terror? E, uma vez decidido a afastar o medo, assim o fiz, e continuei enfrentando o medo e o terror até estar livre de seu poder sobre mim."

Dizem que o mestre tibetano Milarepa colocou sua cabeça na boca do pior demônio que o assombrava. Um jovem perturbado que conheço chamado Marv me disse que, após ler Milarepa, decidiu tentar a mesma abordagem. Num retiro, Marv disse que achava impossível contar a frequência com que os demônios da raiva, da indignidade e dos pensamentos autodestrutivos apareciam para ele. Eles o atormentavam desde a infância. Então, em vez de rejeitá-los, ele decidiu mergulhar em seu inferno mais profundo até senti-los e entendê-los completamente. Ele aplicou de modo deliberado a atenção plena e a bondade ao sofrimento e ao medo e meditou dessa forma por algumas horas. Por fim, no fundo do poço da dor, viu uma grande bola emanando luz. Ele entrou nela e imediatamente se sentiu transformado, livre desse medo autodestrutivo pela primeira vez desde que podia se recordar.

É assim mesmo que acontece. Quando enfrentamos nossos demônios – o tédio ou a vergonha, a raiva, a crítica ou o ciúme –, eles perdem o seu poder. Deixamos de acreditar em suas histórias e começamos a vê-los simplesmente como sentimentos humanos. Paramos de querer nos afastar, de buscar algo mais ou de sentir que fizemos algo errado. Tori Murden, a primeira remadora a cruzar sozinha o Atlântico, explicou: "Se você sabe o que significa estar no meio do oceano sozinha, no escuro, assustada, isso faz com que você tenha consciência do que qualquer outro ser humano esteja sentindo. Eu remo num oceano de verdade. As outras pessoas também têm muitos obstáculos para superar."

Acreditar que a preocupação e o medo são reais pode drenar enormes quantidades da nossa energia. O poeta Hafiz escreveu: "O medo é o ambiente mais desprezível da casa. Eu adoraria ver você em melhores condições." Se você fizer uma pausa, verá que o medo é feito de pensamentos e, se você se afastar, os verá como se fossem crianças ansiosas. Quando você se livrar do medo, o amor e a confiança aumentarão.

A origem da compaixão

Todos nós temos emoções complicadas. Todos temos sombras. Usar a consciência e a compaixão juntas pode nos ajudar a afrouxar o poder dessas emoções sobre nós. Persistindo na consciência amorosa, nos tornamos mais generosos e esses estados nada saudáveis começam a perder força. À medida que aprendemos a suportar os sentimentos de dor, perda e insegurança sem despender toda a nossa energia para julgar, retaliar ou afastá-los, uma nova sensação muitas vezes surge. A liberdade nasce à medida que o perdão e a compaixão entram em nosso corpo e em nossa mente. O professor tibetano Alan Wallace deu um exemplo:

Imagine que você está andando por uma calçada carregando mantimentos. Então alguém bruscamente esbarra em você e suas compras se espalham pelo chão. Quando você se levanta da poça de ovos quebrados e de suco de tomate derramado, está pronto para gritar: "Seu idiota! Qual é o seu problema? Você é cego?" Mas, antes de recuperar o fôlego e falar, você percebe que a pessoa que esbarrou em você é realmente cega. Ela também está caída em meio aos alimentos esparramados; sua raiva desaparece em um instante, substituída por uma preocupação empática: "Você se machucou? Posso ajudá-lo a se levantar?" Nós somos assim. Quando entendemos com clareza que a fonte de desarmonia e angústia no mundo é a ignorância, podemos abrir a porta da sabedoria e da compaixão.

Sondra, uma mulher com quem trabalhei durante um retiro, precisava de compaixão para enfrentar os demônios da anorexia que a tinham atormentado a vida inteira. Ela descreveu os anos de luta com a compulsão, em que vagava como um fantasma faminto, cheia de ódio por si mesma:

Eu achava que a comida tinha uma capacidade inigualável de trazer satisfação e me libertar do sofrimento. Muitas vezes busquei comida esperando que ela realizasse sua mágica, só que ela se voltou contra mim, não cumpriu a promessa e me trouxe vergonha e um inenarrável sofrimento físico e emocional. Fiquei hipercrítica comigo mesma e com a minha situação e então me desesperei. A liberdade veio à medida que tomei consciência do intenso desconforto de que eu estava tentando escapar. Comecei a achar que poderia me recuperar mais depressa e de forma menos dolorosa dos surtos de comer compulsivamente se eu pudesse ser um pouco gentil e presente com a minha dor. Em vez de comer ainda mais, apenas para tentar evitar os efeitos de ter comido demais e o remorso por ter caído de novo naquela armadilha, eu poderia simplesmente me observar enveredando por aquele velho e triste caminho. Quando a consciência amorosa se expandiu, entendi que não precisava agir daquela maneira e a autocompaixão poderia crescer. Sou extremamente grata à compaixão que me resgatou do reino dos fantasmas famintos.

Sondra descobriu que da bondade nasce a liberdade. Ela entendeu que era livre para parar de acreditar em seus pensamentos destrutivos. Você também é!

Você não precisa se identificar com os hábitos interiores insalubres que o fazem sofrer. Você não é seu medo, seu apego, sua raiva ou sua confusão. Com compaixão e coragem, situações difíceis se transformam em fantasmas vazios, impostores, aparências irreais. No lugar deles surge o mundo interior de bem-estar e equilíbrio. A liberdade é a sua verdadeira casa.

Prática

Compaixão

Para cultivar a compaixão, sente-se confortavelmente e mantenha-se calmo e centrado. A prática da compaixão combina frases de intenção interior com a visualização e a evocação do sentimento de compaixão.

Ao começar, respire suavemente e sinta seu corpo, seus batimentos cardíacos, a vida dentro de você. Perceba como você preza a sua vida e se protege diante dos perigos e das tristezas. Isso é inato. Agora, traga à mente alguém próximo que você ama muito. Visualize a pessoa e sinta o desejo natural de cuidar dela que você tem. Observe como você a abraça com carinho. Então fique atento às suas lutas e aos seus medos, aos seus problemas, à sua cota de tristezas, ao sofrimento da vida, como há em todas as vidas humanas. Sinta como seu coração se abre naturalmente para lhe desejar o bem, para lhe estender seu conforto, para reconhecer a dor que ela sente e tratá-la com compaixão. Essa é a resposta espontânea do coração. Conforme você a visualiza, repita interiormente as seguintes frases:

Que você acredite na compaixão.
Que sua dor e sua tristeza sejam consoladas.
Que você fique em paz.

Repita várias vezes, guardando as frases no seu coração. Deixe o sentimento de compaixão crescer. Continue oferecendo essa intenção de cuidar dela por um tempo. Você pode modificar as frases do jeito que quiser para adequá-las à intenção de seu coração.

Então, depois de alguns minutos, imagine que esse ente querido está retribuindo o seu olhar. Os olhos dele demonstram o mesmo espírito de compaixão por seus medos e angústias, por sua cota de tristeza e dor. Eles repetem em retribuição:

Que você acredite na compaixão.
Que sua dor e sua tristeza sejam consoladas.
Que você fique em paz.

Receba a compaixão e o cuidado. Agora, ofereça essa compaixão a si mesmo. Controle seus medos e problemas, seu sofrimento e sua dor com a ajuda da compaixão. Se desejar, coloque a mão sobre o seu coração. Repita as mesmas frases por alguns minutos:

Que eu acredite na compaixão.
Que minha dor e minha tristeza sejam consoladas.
Que eu fique em paz.

Então, depois de um tempo, você pode começar a estender sua compaixão a outras pessoas que conhece. Visualize seus entes queridos um após outro. Guarde a imagem de cada um em seu coração, fique atento às dificuldades deles e deseje-lhes o bem repetindo as mesmas frases.

Em seguida, você pode ampliar ainda mais sua compaixão, dando um passo por vez e abarcando o sofrimento dos seus amigos, de seus vizinhos e de sua comunidade. Você consegue estender gradualmente sua compaixão a todos que sofrem, às pessoas difíceis, a seus inimigos e, por fim, à fraternidade e à irmandade de todos os seres. Sinta a delicada conexão do seu coração com a vida e suas criaturas.

Trabalhe com a prática da compaixão de maneira intuitiva. Às vezes pode parecer difícil e você pode ter medo de se deixar dominar pela dor. Lembre-se de que você não vai "resolver" a dor do mundo, mas enfrentá-la com o coração solidário. Relaxe e seja gentil. Respire. Deixe sua respiração e seu coração se aquietarem naturalmente, como um foco de grande compaixão no meio do mundo.

Prática

Prática com emoções incômodas

Para a prática com emoções conturbadas, sente-se em silêncio e evoque uma circunstância em que você se sinta paralisado. Observe as emoções difíceis que estão presentes, muitas vezes agravando seus problemas. Dirija sua bondade a quaisquer emoções incômodas presentes. Respire e deixe que se manifestem. Medo e frustração, ansiedade e preocupação, raiva e fúria, solidão e tristeza — todas são naturais à vida humana. Volte-se para elas. Sinta como elas brotam em seu corpo, em seu coração e em sua mente. Com a consciência amorosa, apenas reconheça: "A sensação de medo é assim", "A sensação de frustração é assim", "A sensação de dor é assim". Só o fato de dar um nome a elas faz de você uma testemunha atenta, uma consciência amorosa.

Depois de um ou dois minutos, foque uma dessas emoções difíceis. Reconheça-a, seja qual for: "A sensação da raiva é assim", "A sensação de _____ é assim". Observe em que parte do seu corpo essa sensação está concentrada. Agora, convide a emoção a ficar mais forte, a se expandir e crescer. Sinta-se abrindo espaço para que ela aumente quanto quiser. Deixe que ela se abra e preencha todo o seu corpo. Então perceba, sinta ou imagine a sensação se expandindo ainda mais, preenchendo a sala, o espaço ao seu redor, o céu inteiro. Deixe que continue aumentando. Não tenha pressa. À medida que o sentimento se expande, observe o que acontece com ele. No início, pode se intensificar. Depois, ao se ampliar ainda mais, quase sempre se suaviza e a energia desse sentimento abre-se para outras experiências. Às vezes ele fica menos pessoal e se torna apenas a energia da raiva, do medo ou da solidão atravessando o seu corpo. Outras vezes, quando ele fica mais suave, um novo sentimento, mais forte, surge; a raiva abre espaço para a tristeza ou para a mágoa, e a solidão se transforma em preocupação ou ternura. A energia se torna mais universal e se abre até mesmo para o seu oposto. Você pode observar também que, à medida que permite que essas energias se abram, você fica menos reativo. A energia desses sentimentos é livre para se movimentar. Você pode estar presente agora e ser generoso, porém não mais será facilmente capturado pela força deles.

Obviamente, alguns sentimentos muitas vezes voltam, como ondas. Deixe-os ir e vir. Não os desestimule. Eles são a energia da vida que vem nos ofertar seus ensinamentos. Surgem de suas feridas e dos seus temores, são vulneráveis e podem levá-lo a uma compaixão e a uma preocupação mais universais e profundas. Confie nesse processo. Ele é curativo e libertador para o coração.

Parte Três

Entendendo a liberdade

*Você ainda não está livre. Você simplesmente
conseguiu a liberdade para ser livre.*
– Nelson Mandela

Capítulo 8
A elegância da imperfeição

*Foi o toque do imperfeito sobre o desejado perfeito que
deu a doçura, porque lhe trouxe a humanidade.*
– Thomas Hardy, *Tess dos D'Urbervilles*

Temos tantas ideias sobre como devemos ser e sobre como o mundo deve ser, e ainda assim nenhuma delas traduz as coisas como são. A vida humana é uma glória defeituosa – confusa, paradoxal, cheia de contradições. O manto do mundo é tecido com magnificência e limitação, com triunfo e decepção, com perda e eterna recriação. Buscar um ideal de perfeição nos coloca em conflito com o mundo.

Convite a cuidar

David Roche, professor e humorista que fundou a Igreja dos 80% de Sinceridade, diz que 80% é suficientemente bom: 80% de inteligência, 80% de compaixão e 80% de celibato. David nasceu com um enorme tumor no lado esquerdo inferior do rosto. Os cirurgiões o retiraram quando ele era muito jovem e, no processo, removeram seu lábio inferior. Além disso, ele se submeteu a tanta radioterapia que parte de seu rosto parou de crescer. A pele ficou coberta de queimaduras arroxeadas.

Hoje, David faz palestras em escolas sobre a imperfeição. Quando ele sobe ao palco, está ciente de que muitas crianças não conseguem olhá-lo. Adolescentes envergonhados temem de modo obsessivo que seus corpos sejam imperfeitos. David se apresenta: "Aqui estou eu, seu pior pesadelo."

Ele pede aos jovens que imaginem como é ir a uma festa com seu rosto ou entrar em um elevador onde pais sussurram para os filhos: "Quietos, não digam nada." Às vezes ele brinca, fica tentado a responder: "Tudo isso aconteceu porque eu toquei meu piu-piu."

David é engraçado e sincero, ferino e destemido a respeito de sua deficiência, e tão inteligente que aos poucos suas histórias e seu coração conquistam os estudantes. Muitas vezes sua esposa, Marlena, uma mulher encantadora, o acompanha. No fim da maioria de suas palestras, ele pede ao público que o olhe novamente e diga se ele parece um pouco diferente. Sim, parece diferente, diz a plateia. Agora os jovens conseguem vê-lo, ver sua humanidade, seu coração. Ele lhes mostra o que significa amar sua gloriosa e imperfeita fisionomia.

A tirania da perfeição

Para Emily, que tinha um histórico de depressão e ansiedade, buscar a liberdade da imperfeição exigiu aceitar a vergonha e a confusão na forma de uma figura conhecida como Mara. Nas histórias de Buda na Índia, Mara é a personificação da ganância, do ódio e da ignorância que lutou com o Buda na noite de seu despertar e durante os anos seguintes. Toda vez que Mara o atacava, Buda permanecia imóvel e dizia: "Eu vejo você, Mara." Mara levantava as mãos ao ser reconhecida e se afastava. Em alguns relatos posteriores, Buda chegou até mesmo a convidar sua velha amiga Mara a tomar um chá.

Mara apareceu para Emily na forma de vergonha e confusão. Sempre que o dinheiro estava curto, o trabalho, difícil, sempre que ela ganhava algum dinheiro ou seu ex-namorado ligava, Mara a atacava. Era um padrão familiar. Desde a infância, Emily tinha a sensação de que havia algo errado com ela. "Não sou charmosa, bonita, inteligente, criativa ou rápida o suficiente." Sua lista continuava.

Aos poucos, por meio da prática da atenção plena e da consciência amorosa, Emily ganhou uma perspectiva mais ampla e foi capaz de ver Mara com clareza. Para isso, ela primeiro aprendeu a sentir as alterações constantes no ritmo de sua respiração e a testemunhar seus achaques físicos com igualdade e bondade. Então aprendeu a observar com curiosidade seus diferentes estados, os disfarces de Mara que visitavam sua mente e seu coração. Aprendeu a nomeá-los como Buda fez: "Ah, Mara do desespero, Mara da vergonha, é você novamente? Eu sei que você está aí." Por fim, Emily aprendeu a recusar com compaixão sua influência. "Mesmo que você queira tomar um chá, não posso deixar você ficar muito tempo porque tenho outro compromisso."

Ansiamos por perfeição. O parceiro, a casa, o emprego, o chefe e o mestre espiritual, tudo tem que ser perfeito. Quando os encontramos, queremos que fiquem daquele jeito para sempre, sem nunca perder o brilho, nunca envelhecer, nunca ter um telhado afundado, uma parede descascada. Nós também nos ensinamos a buscar a perfeição em nós mesmos. A escritora Florida Scott-Maxwell afirmou: "Não importa quão idosa é a mãe, ela busca sinais de progresso em seus filhos de meia-idade." Ouvimos dizer que se fizermos bastante terapia, se nos exercitarmos na academia, se tivermos uma alimentação especialmente saudável, se assistirmos a documentários na TV, se cuidarmos do colesterol e se meditarmos, vamos nos aperfeiçoar.

Esqueça a tirania da perfeição. A questão não é aperfeiçoar a si mesmo: é aperfeiçoar o amor. Deixe que suas imperfeições sejam um convite ao cuidado. Lembre-se de que as imperfeições são deliberadamente tecidas em tapetes Navajo e valorizadas na melhor cerâmica japonesa. Elas fazem parte da arte. Que alívio aceitar a vida como ela é, em toda a sua beleza e imperfeição.

A glória imperfeita, inexplorada e livre

Nós imaginamos que, se realmente nos espiritualizarmos, nunca sentiremos medo ou raiva, ou mesmo tristeza ou descontentamento. Queremos viver no mundo, mas não queremos ser movidos a desafios, e projetamos a aparência de um Buda sábio e amoroso, vivendo em perfeita paz.

Glorificamos líderes, artistas e mestres espirituais. Ainda assim, todos eles têm aspectos que não cabem em nossa idealização. Como todo mundo, os mestres espirituais vivenciaram e vivenciam conflitos e problemas. Buda os tinha, assim como Jesus, o Dalai Lama e Madre Teresa. Eles também sofrem de enxaquecas, dores nas costas, diabetes, problemas cardíacos e depressão. Mestres queridos como Suzuki Roshi, o 16º Karmapa, e Ramana Maharshi morreram de câncer. Não se encontra um coração desperto nos ideais de perfeição, mas no amor que se deposita em todas as coisas: elogios e culpas, ganhos e perdas, alegrias e tristezas.

Há uma diferença entre um arquétipo ou ideal e a nossa humanidade. Gandhi e Martin Luther King Jr., Krishnamurti e Chögyam Trungpa tinham sombras. Lamas e mamas, bispos e rabinos, todos lutam com as próprias imperfeições. Mesmo uma pessoa tão maravilhosa como o Dalai Lama disse: "Às vezes eu fico com raiva, mas então me dou conta de que não leva a nada, então deixo para lá."

Há alguns anos, estudei em um grupo com o mais antigo e mais graduado entre os mestres zen Rinzai no Ocidente, Joshu Sasaki Roshi. Nós nos sentávamos durante incontáveis horas em longas filas, no estilo zen, imóveis, meditando sobre *koans*, as perguntas aparentemente impossíveis de responder que ele endereçava a cada um de nós. Eu já era um conhecido mestre de meditação na época em que fiz o primeiro retiro com ele, e Roshi me propôs o que achei ser um *koan* difícil.

Cada um dos alunos se encontrava em particular com ele quatro vezes por dia. Após fazer a reverência cerimonial e recitar o seu *koan*, esperava-se que revelássemos nossa resposta. Tentei uma resposta após outra, e depois de cada uma Roshi me olhava e dizia "Não", ou "Boa ideia, mas não é zen", ou "Não exatamente", e tocava o sino para eu ir embora. Depois de passar dias e noites me esforçando muito (um erro), o mestre passou a se divertir ridicularizando meu empenho. "Ego demais" ou "Dois por cento", ele dizia, e depois perguntava: "Você é um professor?" E concluía: "Não é bom." Dei todo tipo de resposta que passou pela minha cabeça e fui ficando cada vez mais frustrado.

Uma noite, após muitos encontros desse tipo, eu me cansei e perdi a paciência com ele, comigo mesmo, com todo o processo. Conforme eu continuava recitando o meu *koan*, simplesmente me permiti ficar zangado. Quando o gongo soou para entrar na fila e ver o mestre, eu estava furioso e pensei: "Ele é um mestre zen. Vamos ver o que faz com um estudante muito zangado." Então entrei, me inclinei e ele pediu que eu recitasse meu *koan*. Gritei "Vá se danar, Roshi!", amassei a vela na mesa dele com a palma da mão, peguei o sino, toquei-o eu mesmo e fui embora. Quando girei a maçaneta, ouvi-o tocar novamente o sino e dizer com toda a calma e num tom divertido: "Não. Não é essa a resposta."

Depois disso, desisti de fazer a coisa certa e, é claro, como em todas as histórias zen, minha mente se acalmou, o *koan* ficou mais natural e a resposta apareceu em toda a sua simplicidade. No final do retiro, por mais que eu estivesse feliz por ter aprendido a trabalhar com *koans*, estava ainda mais emocionado pela maneira como o processo também acolheu minhas frustrações, dúvidas, humilhação e confusão, assim como um ataque de raiva completo. A resposta não estava apartada desse processo caótico, mas se revelara em meio a tudo isso. Aceitar cada parte confusa da vida e ainda assim sentar para meditar é zen.

Se você quiser explorar a imperfeição e o amor, tire a roupa e olhe-se num espelho de corpo inteiro. Observe o misterioso dom de ter um corpo humano e uma vida e perceba todas as ideias de como deveria ser. Você consegue ver e amar o seu corpo e a sua vida humana com clareza, do jeito que ela é, com toda sua glória imperfeita, peculiar, caótica e selvagem?

Olhar amoroso

Conheço uma mulher que havia adotado o zen mas tinha um problema óbvio e visível para realizar sua prática: ela nasceu sem a metade inferior de um braço e, portanto, não podia fazer a *mudra*, apoiando uma palma da mão sobre a outra no colo, como a postura zen exige. Talvez por ser difícil e embaraçoso mencionar o problema (e se fosse comigo?), nenhum dos jovens instrutores de meditação falava com ela sobre isso. Ainda assim, ela praticava com sinceridade e ficou mais tranquila e aberta para a vida. Em meio a um retiro zen, ela estava no quarto olhando-se no espelho quando percebeu, com compaixão e constrangimento, que nunca tinha realmente contemplado o próprio braço. Estava com 26 anos de idade e nunca havia olhado a si mesma sem críticas, desalento ou mesmo repulsa. Como David Roche, o sobrevivente do câncer cujo rosto foi desfigurado pela radioterapia, seu corpo estava visivelmente danificado, mas ela não tinha percebido que o verdadeiro dano tinha acontecido em seu espírito. Somente aceitando nossa imperfeição podemos ser livres. Então nossa visão torna-se *percepção pura* e enxergamos pelas lentes do amor.

Em 1971, Ram Dass, autor do best-seller *Esteja aqui agora*, foi incentivado pelo guru Neem Karoli Baba a deixar a Índia e voltar aos Estados Unidos para ensinar. A mensagem do guru foi de amor: "Ame as pessoas e nutra-as." Ram Dass estava em dúvida, pois se sentia muito impuro e imperfeito espiritualmente para ensinar. O guru levantou de seu assento de madeira, rodeou Ram Dass durante longos minutos, olhando-o com atenção de todos os ângulos, sentou-se de novo e disse: "Não vejo imperfeições." Ram Dass voltou para os Estados Unidos e levou os ensinamentos do amor puro a milhões de pessoas.

Você é perfeitamente você mesmo. Os dons de amor e compaixão que você busca não estão na distante Índia. Eles estão aqui, esperando por você. Percebo os frutos da consciência amorosa e da autocompaixão se tornarem visíveis no final dos retiros. Nos primeiros dias, as mentes inquietas dos meditadores começam a se acalmar. Aos poucos, elas se aquietam, os corpos se abrem, os olhos se suavizam – tornam-se menos apressados, mais presentes para si mesmos e para o mundo. As pessoas às vezes fazem brincadeiras sobre uma suposta *plástica do Vipassana*, porque muitas deixam os retiros com uma aparência rejuvenescida e mais vigorosa. Sempre que você vê com os olhos do amor, tudo muda.

O que ainda lhe resta

Ainda assim, é difícil não olhar para a própria vida e compará-la com os ideais das capas de revistas de celebridades, supermodelos e atletas olímpicos. É fácil sentir-se inferiorizado em relação a eles. Seja você um estudante do ensino médio preocupado com o vestibular, um gerente estressado ou um pai esforçado, ficará se perguntando se está à altura – Será que sou suficientemente bom? Esse ideal é uma ficção. Na realidade, em casa as celebridades não se parecem com as capas das revistas. Elas enfrentam a vida com seus corpos envelhecendo, com suas famílias, com a administração do dinheiro. Como todos os seres humanos, elas experimentam o elogio e a culpa, a alegria e a tristeza, o ganho e a perda. Ter compaixão pela vulnerabilidade humana é uma prática sensível e abençoada. O poeta Alison Luterman chamou a vida de um "fracasso maravilhoso".

Quando os astronautas voltam à Terra, eles ficam gratos só por respirar o ar puro, pisar no chão e estar em casa. Esta Terra, esta história, este corpo... Tudo isso é seu. Sinta a alegria e a tristeza que compõem a sua vida. Sim, você quer se proteger, mas lembre-se de que sua tristeza lhe ensinará a ter compaixão. Sua vulnerabilidade trará gentileza, e a renovação de cada dia lhe dará alegria. O reconhecimento de seus fracassos caóticos e maravilhosos na vida lhe trará paz.

Sinta-se confortável em sua própria pele. Pratique a compaixão consigo mesmo. Cuide do jardim que você recebeu, aceite-o, cultive-o com amor. O mestre zen Suzuki Roshi resumiu: "Você é perfeito do jeito que é. E ainda há espaço para melhorar." Ame a si mesmo. Isso é a essência. Então aproprie-se de suas imperfeições humanas e crie beleza.

Itzhak Perlman, um dos maiores violinistas do mundo, encarna isso. Como teve poliomielite quando criança, Perlman usa aparelho ortopédico nas duas pernas e anda com muletas. Ele cruza o palco lentamente, embora com majestade, até alcançar sua cadeira. Então senta-se, coloca as muletas no chão, solta as correias das pernas, abaixa-se e pega o violino, acomoda-o sob o queixo, acena para o maestro e começa a tocar.

Certa vez, num concerto na Sala Avery Fisher do Lincoln Center, em Nova York, algo deu errado. No meio da apresentação, uma das cordas do violino se rompeu. Deu para ouvir o estalo – a corda estourou como um tiro. Não havia como confundir o que aquele som significava: Perlman não poderia tocar a peça tal como fora escrita para o violino. O público ficou imaginando se ele colocaria de volta o aparelho ortopédico e iria pegar outro violino ou outra corda. Mas ele não foi. Em vez disso, fez uma pausa, fechou os olhos e então sinalizou ao maestro para que recomeçasse. A orquestra entrou e Perlman tocou com apenas três cordas, modulando a peça em sua cabeça e adaptando-a para usar as cordas remanescentes com paixão, serenidade e incrível pureza.

Quando ele terminou, um silêncio respeitoso encheu a sala. Então as pessoas se levantaram e aplaudiram de pé em todos os pontos do auditório, aos gritos de "Bravo!" e saudações. Perlman sorriu, secou o suor da testa, levantou o arco para silenciar o público e então disse – não em tom presunçoso, mas com tranquilidade, pensativo e reverente: "Sabe... às vezes sua missão na vida é descobrir quanta música ainda pode fazer com o que lhe resta."

Maestria

É inspirador quando encontramos o que a humanidade tem de melhor – o melhor violinista, o melhor acordeonista, o melhor peão de rodeio, o melhor astrofísico, o melhor jardineiro especializado em roseiras. Os melhores artistas e intérpretes provavelmente praticam mais do que as 10 mil horas que Malcolm Gladwell disse serem necessárias para dominar um instrumento. Quando você ouve um gênio musical como Yo-Yo Ma ou Stevie Wonder, ou assiste a uma ginasta olímpica como Simone Biles, percebe o que se aproxima da perfeição humana. O melhor dessas pessoas é a combinação de seus dons prodigiosos com uma profunda dedicação. Embora elas sejam as melhores em sua arte, há outras áreas da vida em que pouco se desenvolveram. Mesmo um ator brilhante como Sir Laurence Olivier lutou a vida inteira com um devastador medo do palco.

É natural admirar e celebrar a excelência e a dedicação que acompanham a maestria. A escolha de dedicar-se completamente a uma arte, ao trabalho, à criação, a um assunto é parte da liberdade humana, gratificante e admirável. Dedicação e comprometimento ajudam você a dar o melhor de si, a aprimorar suas habilidades, a se empenhar em sua arte, em seu trabalho, em seu amor. Mas essas características e seus resultados são diferentes da perfeição. Artistas, pais, atletas, chefs de cozinha podem comemorar seus melhores desempenhos, suas melhores refeições com satisfação, mas, se estiverem obcecados com a perfeição, vão sofrer – e perder sua vantagem. Dedicação e doação total são o que traz alegria. Caso contrário, como disse o ator Dustin Hoffman, "toda boa crítica é um convite à paralisação".

O exemplo clássico desse tipo de sofrimento são os pais ambiciosos demais que encontramos na Little League e nos jogos de futebol. Em nome de transformar seus filhos em futuras estrelas, e já sonhando com a glória, eles reclamam e pressionam. Sua obsessão rouba o espírito do jogo e a diversão que fazem o esporte e a vida valerem a pena.

Dedicação e comprometimento são belas qualidades que ficam melhores quando temperadas pelo amor e pela sabedoria. Você pode estabelecer metas, direcionar sua energia, trabalhar com mais vigor e se esforçar ao máximo, mas os resultados são sempre incertos. Os desempenhos mais maravilhosos são efêmeros, o melhor da arte é uma linda declaração, e então a vida continua. A liberdade requer dedicação e compromisso, sem nada depender do resultado.

Já está quebrado

Tudo neste mundo está sujeito a mudança e renovação. Somos um fluxo de yin e yang, de compreender experiências e sonhos, um rio em constante fluir de sentimentos e pensamentos. A consistência é o domínio do *press release*; a inconsistência é a essência da vida. Relaxe. Preserve o paradoxo da transformação e da eternidade generosa em vez do julgamento ou do medo. Então você verá que neste mundo imperfeito há outro tipo de alegria. Temos a capacidade de ser perfeitos. Temos o riso do sábio e a liberdade de escolher nosso espírito, independentemente das circunstâncias. Temos a liberdade de amar em meio à gloriosa, aterrorizante e inabalável beleza de tudo isto. Temos a sabedoria e a coragem de nos importarmos com doçura neste fugaz e transitório passar dos dias.

Ajahn Chah segurou sua xícara de chá chinesa preferida e disse: "Para mim, esta xícara já está quebrada. Como sei disso, posso usá-la e apreciá-la em sua plenitude. Quando ela cair no chão, eu entenderei. É assim que são as coisas."

A realidade exige flexibilidade. Você pode rastrear, repetir, mudar o que acredita, aprender um jeito novo, render-se, desviar-se, perder e encontrar, tentar outro portão, dar meia-volta, seguir outro caminho, fazer tudo com moderação, inclusive exercer a moderação. Você pode aprender a estar presente com curiosidade e descobrir o que acontece em seguida.

Pode descobrir como é fácil cometer erros, confiar, falhar, deixar-se levar por algo maior do que você mesmo. Quando Rossini compôs o grande coro em sol menor, ele acidentalmente mergulhou a pena em um frasco de remédio em vez de no pote de tinta. "Isso provocou um borrão, e, quando sequei a tinta com areia [o papel mata-borrão ainda não tinha sido inventado], ela tomou a forma de um bequadro, o que me deu na hora a ideia do resultado que a mudança de sol menor para sol maior teria. É a esse borrão que se deve o lindo efeito do coro."

Com a liberdade da imperfeição vêm o perdão e a compaixão por si mesmo e pelos outros. Um jovem militar que tinha um temperamento esquentado e um histórico de problemas de agressividade e estresse recebeu de seu coronel a ordem de participar de um treinamento de atenção plena de oito semanas com o objetivo de reduzir o nível de tensão. Um dia, depois de assistir às aulas por várias semanas, ele parou num supermercado no caminho para casa. Estava com pressa e um pouco irritado, como sempre. Quando se dirigiu às caixas, havia longas filas. O militar percebeu que a mulher à sua frente levava apenas um item mas não estava na fila rápida. Tinha um bebê no colo e, quando chegou a vez dela, começou a conversar com a atendente. Ele ficou irritado: a mulher estava na fila errada, conversando e atrapalhando todo mundo. Que egoísta, pensou. Então ela entregou a bebê à moça da caixa, que por um momento abraçou amorosamente a criança. Ele podia sentir sua raiva crescendo, mas, como estava praticando a atenção plena, começou a observar o calor e a rigidez em seu corpo e conseguiu sentir a dor. Então respirou e relaxou. Quando olhou para cima, viu o bebê sorrindo. Ao chegar à caixa, comentou: "Aquele menininho era fofo." Ela respondeu: "Ah, você gostou dele? É meu filho. O pai dele era da Força Aérea, mas foi morto no inverno passado. Agora preciso trabalhar o dia inteiro. Minha mãe tenta trazer o meu menino uma ou duas vezes por dia para que eu possa vê-lo."

Somos rápidos para julgar, mas não precisa ser assim. Olhe para o mundo ao seu redor de um jeito diferente. Com atenção plena você pode ver o mundo com olhos atentos e cheios de admiração. O filósofo Nietzsche descreveu como, para além de nossas ideias e ideais, nossos corações podem se abrir: "Do abismo da grande suspeita voltamos renascidos, de pele mudada, mais suscetíveis, mais sarcásticos, com um gosto mais sutil para a alegria, com a língua mais delicada para todas as coisas boas, com sentidos mais joviais, com uma segunda e mais perigosa inocência na alegria, ao mesmo tempo mais infantis e cem vezes mais refinados do que antes." Esse é um convite à liberdade.

Prática

Eu vejo você, Mara

Mara, a mitológica personificação da ganância, do ódio e da ignorância, costuma visitar regularmente todos os seres humanos. Mestre dos disfarces, Mara sabe bem como conquistar você. Pode aparecer como medo ou insegurança, transformar-se numa tentação irresistível ou numa agressão justificada. Cada pessoa tem a própria Mara. Como as dez músicas mais tocadas no rádio, ela tem algumas formas preferidas. Primeiro, você precisa aprender a reconhecê-las como facetas de Mara. Podem ser a vergonha ou a confusão, a irritação ou a ansiedade, a raiva ou o ódio a si mesmo. Muitas vezes Mara surge com uma abordagem idealista, dizendo como você deve ser melhor, mais inteligente, mais magro, mais sábio. Ou indica como as outras pessoas devem ser.

Você pode dar às formas mais frequentes de Mara um nome engraçado ou um número. Talvez os visitantes mais importantes sejam a vergonha, a autocrítica, a preocupação e a raiva. "Ah, Mara número dois, eu sei que é você", "Ah, Mara ansiosa, eu sei que é você". Use o bom humor e a consciência amorosa e generosa. "Mesmo se você quiser me visitar, não posso deixá-la ficar muito tempo, pois tenho outro compromisso." Mara pode pressionar você a aceitar as opiniões dela, mas mantenha-se firme e gentil. Você pode tratar Mara com compaixão, mas não precisa confraternizar com ela. Ela é uma velha amiga e tudo que deseja ouvir é: "Eu sei que é você, Mara." Sua verdadeira identidade é a consciência amorosa; sempre que reconhece a presença de Mara, ela perde seu poder e você dá um passo na direção da liberdade.

Prática
Praticando a imperfeição

E se você pudesse amar a si mesmo de modo integral, incluindo suas imperfeições? E se você pudesse amar os outros da mesma forma?

Você pode temer que, ao amar sua raiva ou sua preguiça, seus vícios ou sua ansiedade, talvez nunca mude para melhor e, de fato, se torne mais zangado e preguiçoso, ou mais viciado e autocentrado.

Mas, se você tentar, verá que o que acontece quase sempre é o oposto disso. Quando você ama a si mesmo e se aceita com um amor maior e mais sábio, seu medo e sua agressividade, sua carência e sua inércia perdem força. Seu amor sabe intuitivamente que um amor forjado na sacralidade dos afetos do coração é o melhor para você.

Experimente isso. Sente-se em silêncio e convide a juntar-se a você um sentido de presença e de consciência amorosa. Depois de um tempo, faça uma reflexão sobre o que você considera suas imperfeições e seus defeitos.

Primeiro, reflita sobre como você vê o seu corpo. Quais são as suas falhas e imperfeições?

Em segundo lugar, reflita da mesma maneira sobre sua personalidade e seu caráter. Quais são as suas principais falhas e imperfeições?

Depois, observe seus estados de espírito e as imperfeições que encontrar lá. Inclua as imperfeições de seus relacionamentos com os outros.

Imagine que você deveria se amar do jeito que é — com todas essas falhas humanas. Todo ser humano tem imperfeições; isso é parte da encarnação humana. Sua missão é vê-las com clareza e amor.

Agora, torne-se a consciência amorosa capaz de presenciar sua vida e mantê-la, com seus sucessos e suas imperfeições, mergulhada em um mar de amor. Você não se resume às suas falhas, aos seus traumas e medos. Essas são lutas humanas exteriores despontando na consciência pura. Você é a consciência atemporal, nascida com a beleza original, filha do espírito, às voltas com uma encarnação humana complicada, como os outros 7 bilhões de pessoas.

Com essa consciência amorosa e aceitação profunda, afaste-se do tribunal de justiça. Convide-se a ficar calado, tranquilo com sua individualidade, gentil e atencioso. Com essa presença acolhedora, você se descobrirá fazendo escolhas melhores — não por vergonha ou por ódio a si mesmo, mas porque seu coração amoroso ensina como você deve se cuidar. O coração amoroso transforma toda a dança humana.

Depois de aceitar suas imperfeições por meio dessa prática, você pode incluir nela outras pessoas também, com suas imperfeições. Comece com as mais fáceis e depois traga as mais difíceis.

Observe e aceite todas as imperfeições dessas pessoas com uma profunda consciência amorosa. Não tenha pressa. Perceba como a aceitação muda seus conflitos e sentimentos para melhor. As outras pessoas são aprendizes como você. Quando você as visualiza com suas falhas, seu cuidado e seu olhar amoroso podem inspirar o melhor nelas. Como disse Nelson Mandela: "Nunca faz mal ver o bem em alguém. O outro muitas vezes age melhor por causa disso."

Capítulo 9

O dom de uma mente aberta

*Agora há um homem com a mente aberta –
você pode sentir a brisa vindo de lá.*
– Groucho Marx

Da mesma forma que seus pulmões, sua mente se expande e se contrai. A mente investiga o mundo organizando um rio de dados sensíveis sobre percepções em constante mudança, estabelecendo um senso do eu e do outro, de tempo e perspectiva, de significado, valores e ideias. Dependemos dessas percepções e das experiências passadas para organizar o nosso mundo. Quando a mente está aberta, vemos com clareza, descobrimos, desfrutamos e reagimos à vida. Quando está fechada, o mundo fica pequeno, assustador e rígido. Tenha em mente que, seja qual for a sua perspectiva, é simplesmente um ponto de vista entre muitos, visto de um ângulo limitado.

O zen e a arte da generosidade

Certa vez, convidei vários mestres e lamas visitantes a um retiro na costa Big Sur. Kobun Chino Roshi, um mestre zen, falou sobre estar aberto às muitas possibilidades e depois ofereceu-se para fazer uma demonstração da famosa arte do arco e flecha zen. Na tarde combinada, ele montou seu alvo no canto oeste de um gramado elegante que terminava no oceano Pacífico. Os participantes do retiro e os professores se reuniram e Roshi montou um lindo altar sobre uma pedra próxima, onde fez suas orações.

Então, devagar e com um cuidado especial, como em um balé, ele se curvou e vestiu uma túnica de seda branca. Depois tirou o arco da capa de couro, retesou cuidadosamente a corda, pegou as flechas, sentou-se para fazer uma meditação com todas elas no colo e então girou-as e analisou cada flecha, da ponta até as penas. Por fim, escolheu uma. Levantou-se e se afastou devagar, posicionando-se a 15 metros do alvo. Lá ele ficou parado – alerta, calado, presente.

Os espectadores se calaram. Depois do que pareceu uma eternidade, Roshi levantou o arco, encaixou a flecha e se concentrou no alvo. Parado, de pé, puxou a corda do arco para trás e mirou; somente depois de um bom tempo ergueu ainda mais o arco e deixou a flecha voar. E ela voou – sobre o alvo, sobre a falésia, até o oceano. Sucesso. Ele sorriu. Depois levou outros 15 minutos desmontando elegantemente o arco, guardando as flechas, curvando-se diante do altar e trocando a veste branca pela habitual túnica preta. No fim, sorriu outra vez e fez uma reverência para todos nós.

Quando seu primo ficou noivo de uma jovem egípcia muçulmana que conhecera na faculdade, Evan decidiu visitá-los. Ele e o casal se encontraram em um café e, quando Evan viu que a noiva do primo cobria a cabeça com um lenço, logo encheu-se de preconceitos. Como nunca tinha sido apresentado a uma muçulmana, ficou surpreso quando ela se mostrou divertida, calorosa, compreensiva e inteligente. E se sentiu um tolo por estereotipar e desprezar um quinto da humanidade.

Uma mudança de pensamento similar ocorreu quando Sandra, professora do ensino médio, foi transferida para uma escola urbana onde havia muitos alunos com tatuagens de gangues. As calças largas e o linguajar agressivo, a postura e a atitude deles, mais a violência que ela tinha visto na TV, a deixaram assustada. Até aquele momento ela sempre havia mudado de calçada para evitar pessoas como eles, porém, depois de seis meses ensinando a esses meninos e meninas, a percepção dela mudou. Sandra aprendeu sobre as vidas e as lutas de Pedro, Vinh e Malcolm. Eles se tornaram pessoas de verdade para ela. Agora ela cruzava a rua na direção deles para dizer oi e os garotos respondiam: "E aí, Sandra, qual é a boa?" Eles passaram a ser a sua turma.

Preconceito e perspectiva

Os pesquisadores vencedores do Prêmio Nobel David Hubel e Torsten Wiesel demonstraram o condicionamento perceptivo de ser forte em um estudo no qual gatinhos recém-nascidos foram divididos em três grupos. Cada grupo foi colocado em um ambiente diferente durante os poucos dias críticos em que os filhotes estão abrindo os olhos e a visão se desenvolve. O primeiro grupo foi colocado em uma caixa branca com faixas horizontais pretas; o segundo, em uma caixa branca com faixas verticais pretas; e o terceiro, em uma caixa branca. A impressão desses primeiros dias permanece com os gatinhos pelo resto da vida. Aqueles criados em um mundo apenas com faixas horizontais não conseguiam ver direito nada que estivesse na vertical. Eles sempre trombavam nas pernas das mesas e das cadeiras, pois não conseguiam percebê-las. Os gatinhos que cresceram em um mundo vertical não conseguiam ver faixas horizontais. Os filhotes familiarizados com um mundo todo branco eram ainda mais desorientados e tinham dificuldade para se movimentar corretamente em torno de qualquer objeto.

Dependendo da sua perspectiva, você pode encarar uma vaca como um produtor de leite, como carne, como couro, como uma mãe, como um ungulado, como um animal de fazenda, como um ser considerado sagrado pelos hindus ou como um mistério vivo. Se você vir uma vaca apenas como carne ou como um investimento, muito se perderá com essa percepção. O mesmo vale para pessoas e culturas, bem como para todas as circunstâncias da vida. Você pode ver as coisas da perspectiva de seus desejos e opiniões ou com olhos renovados e sentir a liberdade que está pacientemente esperando por você. Que alegria conhecer o mundo com a mente aberta. É um dom de duas vias – um dom da liberdade para você e uma bênção para os outros.

Mas há também sofrimento quando se vê com clareza. Ignoramos algumas áreas da vida para evitar conflitos ou pressões. Desviar o olhar pode esconder a perda, a injustiça, o vício, a superficialidade e a intolerância. Ver com clareza exige coragem. Quando Ram Dass deu uma aula sobre compaixão e serviço em Oakland, na Califórnia, ele pediu aos alunos que prestassem atenção em suas reações ao sofrimento ao seu redor. Uma mulher relatou que durante meses deu dinheiro a um sem-teto toda vez que passava por ele, mas nunca o olhava com atenção. Agora ela percebia a razão: "Tenho medo de que, se eu um dia olhar nos olhos dele, o próximo passo seja trazê-lo para dormir no sofá da sala."

Você não precisa levar para sua casa uma pessoa desabrigada e todo o sofrimento do mundo, mas precisa aprender a olhá-los com clareza e mantê-los no coração. Com o tempo, essa mulher tornou-se uma aliada daquele homem desabrigado em sua vizinhança e a atenção e a caridade dela mudaram a vida dos dois. Você precisa ser sensível às feridas e aos traumas do mundo, e também aos de sua vida. Ao abrir o coração com vagar, suavidade e cuidado você pode perceber, com interesse e atenção, como as coisas realmente são, e vê-las de um jeito curioso, renovado e tranquilo.

A mente aberta permite a vibração de viver no presente. No teatro, não importa quão brilhante seja um ator, ele será sempre ofuscado quando uma criança ou um cachorro entrarem no palco. Adoramos ver o que é surpreendente e improvisado. A espontaneidade, a criatividade e a vivacidade são marcas registradas de uma mente livre e aberta. O professor de Kobun Chino, Suzuki Roshi, disse uma vez: "Na mente dos iniciantes existem muitas possibilidades. Na dos especialistas, elas são poucas."

Quando você é tolerante com o presente, observe como sua experiência direta é diferente de sua ideia sobre ela. Uma pessoa é sempre mais interessante, multidimensional e surpreendente do que seus preconceitos. A memória que você tem de um primo ou a ideia formada sobre um líder muitas vezes se alteram quando você os encontra pessoalmente. O que aconteceria se você considerasse suas perspectivas com mais leveza?

É sua a escolha de ver o mundo como um conservador, como um liberal ou como um libertário, como um cientista ou como um fundamentalista. Como um lugar assustador ou como uma celebração da criatividade. Lembre-se do respeito. Cada um desses pontos de vista tem valor, e ainda assim cada um é apenas a verdade parcial. Quem for rígido em suas crenças sofrerá.

Como observou Buda: "Aqueles que se agarram a seus pontos de vista passam pelo mundo irritando as pessoas." A mente aberta é o antídoto.

Quebrando barreiras

Depois que o primeiro grupo de ocidentais chegou ao mosteiro Ajahn Chah, muitos outros vieram. Para atendê-los, os moradores locais sugeriram criar numa floresta próxima um mosteiro onde os ensinamentos fossem oferecidos em inglês. Bem-sucedido, o ensino rígido e amoroso nesse novo templo inspirou a ordenação de monges e monjas ocidentais de muitas origens. Uma monja americana sincera e carismática tornou-se muito querida, ganhando o posto de favorita dos moradores locais quando sua fluência em tailandês e em laosiano aumentou. Após cinco anos, no entanto, ela partiu sem dar explicações.

Tristes com sua partida, eles ficaram surpresos quando, um ano depois, ela voltou como cristã evangélica. Apesar de leiga, hospedou-se no mosteiro e passava os dias exortando os moradores locais e de vilas próximas a se converterem ao cristianismo. Com o tempo, esse proselitismo começou a incomodar os moradores. Em busca de uma resposta forte para a conduta inadequada da ex-monja, eles decidiram consultar Ajahn Chah. Um grupo de monges e leigos caminhou 16 quilômetros pela floresta até o mosteiro principal. Sentados com o mestre, eles descreveram a situação e como era irritante ouvi-la pregando o evangelho em seu templo budista. A situação não era novidade para Ajahn Chah – outros tinham lhe contado sobre o retorno da mulher. "Como podemos deixá-la fazer isso?", perguntaram. Seria possível silenciá-la ou forçá-la a partir? O grupo queria que ela fosse embora.

Ajahn Chah ouviu cada palavra aflita e sorriu. "Bem, talvez ela esteja certa", disse.

Quase todo mundo riu. Eles perceberam que o apego a seus pontos de vista budistas resultava em sofrimento. Ajahn Chah os mandou voltar, e alguns o fizeram sorrindo, outros, suspirando. Quando parou de encontrar resistência, a ex-monja partiu.

A mãe de Talitha era uma sulista conservadora, e seu pai, um empresário republicano. Quando Talitha se envolveu com uma comunidade de meditação e ioga, seus pais ficaram preocupados, embora o clube de campo que eles frequentavam também oferecesse ioga. Porém, durante uma visita aos pais, Talitha entrou numa discussão sobre imigração, aborto e religião – todas questões polêmicas. Isso tornou as visitas desagradáveis e bloqueou o amor da família, impedindo que ele se expressasse.

Então Talitha se apaixonou por Jeff, um homem forte e atencioso de Washington que a tratava muito bem e também era conservador. Eles conversaram muito, um tentando convencer o outro das próprias opiniões, mas, como eram sinceros e estavam apaixonados, eles de fato escutaram o que o outro tinha a dizer. Como resultado, na ocasião seguinte em que visitou a família, Talitha se mostrou mais compreensiva. Seus pais não mudaram de opinião, mas a conversa fluiu com mais facilidade para ambos os lados – de adversários, passaram a ter preocupações em comum. Com isso, o portão do amor se reabriu e Talitha sentiu que podia manter uma conversa honesta, sem os conflitos repetitivos do passado.

Quando você percebe quanto é apegado a opiniões, liberta-se do feitiço da percepção equivocada e reconquista a conexão.

É natural ter opiniões. A questão é: suas opiniões fecham sua mente e seu coração? Você pode ter opiniões sobre banqueiros, ateus, a geração do pós-guerra, evangélicos, feministas ou advogados. Pode ter opiniões sobre política, religião, modos de vida e até sobre o jeito como as pessoas se vestem. Você acha que sabe quem elas são. A liberdade exige que você se pergunte: "Por que estou preso a essa opinião? O que mais é verdadeiro sobre essas pessoas?"

Observe o próximo que entrar pela porta com um olhar estimulante e inocente. Quem é ele realmente? Quais são os sonhos dele? Quão profunda é sua emoção? O que está à sua espera? Qual é o seu dom? Perguntas assim podem mudar a forma como você pensa sobre os outros e – como a maior parte de seus preconceitos se constitui, na realidade, de projeções – o que você pensa sobre si mesmo.

Tem certeza?

Adoro os momentos surpreendentes em que me dou conta de que estou vendo as coisas de maneira totalmente errada. Passei alguns meses em Bali, sede de muitos lindos templos hindus e de uma rica tradição de dança sagrada e rituais diários coletivos. Numa viagem recente, eu estava visitando a cidade de um famoso pintor em uma tarde quando passei pelo caminho ladeado de árvores que leva a um dos maiores templos nos arredores. Atrás de um muro de pedra de 1,2 metro, todo decorado, vi 50 figuras vestidas de branco, as cabeças balançando para cima e para baixo no que imaginei ser uma grande cerimônia no templo. Aproximei-me com a intenção de observar esse lindo ritual. Só quando cheguei perto, pude ouvir a música e espiar sobre o muro é que compreendi que a cerimônia sagrada ancestral era, na verdade, uma aula de aeróbica.

"Nós vemos o mundo não como ele é, mas como nós somos", diz o Talmud. Quando Samuel Burke, que era cego desde os 10 meses de idade, recuperou a visão, aos 15 anos, ficou impressionado com a aparência da lua crescente e perguntou o que era aquilo. Ele sempre imaginou que a lua crescente fosse parecida com um pedaço de bolo. Como Samuel, todo mundo tem ideias erradas. Muitas vezes nos apegamos a elas deliberadamente. "Não me apresente a ele", disse o famoso ensaísta Charles Lamb sobre um homem de quem não gostava. "Quero continuar a odiá-lo, e não posso odiar alguém que conheço."

Quando sua mente está fechada, você perde a verdadeira conexão com os outros e fica na defensiva, na inflexibilidade, no medo e no conflito. No pior caso, você se engana e vive uma mentira. Michael Ventura explicou:

> *As pessoas para as quais você tem de mentir controlam você. As coisas sobre as quais você tem de mentir passam a controlar você. Quando seus filhos percebem que você é controlado, deixam de ser seus filhos e passam a ser filhos de quem controla você. Se o dinheiro controla você, eles são filhos do dinheiro. Se a sua necessidade de fingimento e ilusão controla você, eles são filhos do fingimento e da ilusão. Se o medo da so-*

lidão controla você, eles são filhos da solidão. Se o seu medo da verdade controla você, eles são filhos do medo da verdade.

Vendo a pessoa como ela realmente é

Quando me sentei à cabeceira de pessoas à beira da morte, muitas vezes ouvi arrependimentos: por seus fracassos em realizar sonhos, por não terem falado a verdade ou por não terem conseguido amar plenamente apesar de tudo. Fiquei impressionado com a honestidade e a ternura que caracterizam esse momento da vida, com a disposição de se responsabilizar pelo que o programa de 12 passos chama de "um destemido inventário moral" da nossa vida.

Mas você não precisa esperar até o fim da vida para ver com clareza. Mesmo hoje é possível olhar com coragem e destemor para suas falhas e fazer as pazes com elas. Lançar um olhar novo sobre elas.

Um indonésio, preso por engano, implorou que a esposa levasse escondida uma serra ou outra ferramenta que o ajudasse a fugir. Mas ela estava proibida de vê-lo e só podia enviar um tapete de orações. Durante semanas, ele ficou desanimado. Por que ela não tinha mandado alguma coisa útil? Então, um dia, ele olhou o tapete e percebeu que a esposa tinha costurado nele um mapa de fuga.

A teimosia é uma prisão. Você tem direito ao amor e à liberdade que procura. Abra os olhos e descubra que eles estão aqui, aguardando que você se desligue de suas opiniões fixas e perceba.

Em uma conferência em Berkeley sobre a atenção plena e o direito, ouvi estas instruções de um juiz para os jurados:

Quero que cada um escute o que será apresentado neste tribunal com total atenção. Vocês podem achar útil sentar com uma postura que encarna a dignidade e a presença e se manter em contato com a sensação de sua respiração entrando e saindo do corpo enquanto escutam a apresentação das provas. Tenham cuidado com a tendência de sua mente a tirar conclusões antes que todas as provas e os argumentos finais sejam apresentados. Tentem da melhor forma que puderem suspender o julgamento e apenas testemunhem com todo o seu ser tudo que está sendo dito no tribunal a cada momento. Se perceberem que sua mente está divagando muito, podem sempre trazê-la de volta para sua respiração e para o que estão ouvindo, repetidas vezes se necessário. Quando a apresentação das provas acabar, será a sua vez de deliberar com os demais jurados e chegarem a uma decisão. Mas não antes disso.

Ao conhecer uma pessoa, procure vê-la como ela é hoje. Ao conversar com alguém que tem uma perspectiva diferente, escute com generosidade e vocês se conectarão de maneiras surpreendentes.

Viva cada novo momento com admiração e gratidão e você sentirá que nunca é tarde demais para abrir sua mente e seu coração. Como canta Bob Dylan, "aquele que não está nascendo está ocupado morrendo". Viva plena e livremente.

O poder curativo das palavras

As palavras têm muito poder. Elas iniciam viagens, casamentos, filmes, ações judiciais e guerras. E os encerram também. Conversamos com bebês no útero, e o rio de palavras prossegue até mesmo após o último suspiro de uma pessoa. Como as ondas do mar, as palavras podem magoar e separar ou conectar e curar.

Certa vez, um terapeuta famoso foi chamado a dizer orações especiais para uma criança doente cujo remédio estava demorando a fazer efeito. Depois das preces, ele afirmou: "Agora ela ficará bem." Um observador cético comentou, em tom de zombaria, que apenas orar era uma besteira sem nenhum efeito. O terapeuta se virou para o cético e disse: "Você está vestido como um camponês ignorante e suas palavras são as de um verdadeiro tolo." O observador ficou chateado na hora e estava prestes a reagir com raiva quando o terapeuta falou: "Só um momento agora. Se algumas palavras puderam deixá-lo vermelho de raiva tão rapidamente, por que outras palavras não podem ter o poder de curar?"

Na época em que dei apoio aos pacifistas na Palestina e em Israel, um dos programas que visitei uniu adolescentes dos dois lados. Após três verões promovendo acampamentos compartilhados, projetos, discussões, danças e diálogos, os jovens convidaram seus pais a um encontro. Era um período de forte tensão política, mas conseguiram-se autorizações para que os pais palestinos se reunissem com as outras famílias em Israel. Eu estava em um círculo no acampamento com um dos grupos de adolescentes. Eles haviam se tornado grandes amigos e deram-se as mãos. Os pais deles estavam em um círculo logo atrás, observando a conexão que os filhos tinham criado. Então uma das mães palestinas falou baixinho: "Durante 20 anos, os únicos israelenses que vi eram soldados. Esqueci que eles também tinham mães."

Quando se aproxima dos outros com expectativas, demandas e estereótipos, você não se conecta. Na melhor das hipóteses, consegue fazer uma troca superficial, mas muitas vezes fica na defensiva ou até mesmo entra em conflito. A felicidade cresce a partir de uma mente aberta.

Com sinceridade, você pode abordar conversas, famílias, amigos e inimigos, criatividade e conflito disposto a ouvir e a aprender em vez de apenas se defender. Uma mente sincera desperta uma escuta empática que pode favorecer a compreensão independentemente do tamanho das diferenças. Não quer dizer que você vai concordar com os outros ou menosprezar os próprios limites. É simples. O discurso tolerante é verdadeiro e útil, atencioso e harmônico. Isso significa entrar em uma conversa com interesse, querendo compreender a circunstância e a perspectiva do outro. Essa abertura tem um impacto enorme, seja nos relacionamentos, seja no desenvolvimento da comunidade ou da política.

Comunicação franca

Um grupo de ativistas antinucleares britânicos participou durante meses de manifestações públicas contra a instalação de mais mísseis no país. Alguns eram bastante agressivos. Eles achavam que estavam protegendo milhões de pessoas e outras formas de vida de um grande desastre em potencial. Por fim, depois de longas negociações, os líderes do grupo foram convidados a um encontro com o general da OTAN responsável pelos mísseis nucleares. Na noite anterior ao encontro, a mulher que comandava a delegação dos ativistas percebeu que, se começassem confrontando o general por sua política destrutiva e assassina, a reunião esquentaria, as posições ficariam polarizadas e eles não chegariam a lugar algum. Ela teve uma sacada: o general precisava achar que ele também estava protegendo milhões de pessoas. Na manhã seguinte, na abertura da reunião, a líder começou: "Deve ser difícil responder pela proteção de milhões de vidas." Ele respondeu que sim, "era mesmo difícil".

E esse foi o início de um diálogo muito produtivo, em que o próprio general compartilhou ideias sobre como reduzir o número de mísseis.

A comunicação franca e livre começa com atenção amorosa para com você e os outros. Articulada a partir do trabalho brilhante de Marshall Rosenberg, chamado de Comunicação Não Violenta, ela estimula a escuta sensível, o cuidado com a expressão de sentimentos, necessidades e solicitações. Comunicar-se dessa forma cria ressonância e confiança entre aqueles que enfrentam conflitos. Escutar dessa maneira significa buscar tocar a alma, a inocência há muito perdida por trás dos olhos daquele que está à sua frente, não importa quão inconsciente e destrutiva essa pessoa tenha sido anteriormente. A Comunicação Não Violenta foi usada para ajudar grupos nos conflitos em Ruanda, Kosovo, Congo e Colômbia.

Foi nesse espírito que trabalhei recentemente com ativistas e outras pessoas empenhadas na resolução do conflito em Myanmar. Esses monges e monjas corajosos, estudantes e líderes, são espíritos parecidos. Exploramos estratégias para difundir a tolerância e a verdade, recorrendo a antigos princípios budistas de harmonia social e de uma sociedade sábia. Porém nas ruas o governo militar foi secretamente estimulando o medo e o preconceito cada vez maiores contra os muçulmanos. Houve uma grande campanha antimuçulmanos e anti-imigração, com protestos, panfletos e mensagens falsas nas redes sociais. Motoristas de táxi e comerciantes faziam comentários preconceituosos, sarcásticos e racistas sobre "eles" e como "eles" eram perigosos. Vi preconceito semelhante contra ciganos nas ruas de São Petersburgo e contra árabes em Jerusalém, sentimentos verbalizados em cada país que visitei – na Ásia, na América Latina, na África e, é claro, na América do Norte.

É doloroso ver como o sofrimento cresce com a ignorância e uma mente limitada. Agora, em resposta, os ativistas em Myanmar estão espalhando ensinamentos de consciência amorosa e respeito mútuo em vez de ódio. Enfrentam o medo e a intolerância com amor. Com a eleição de Aung San Suu Kyi, há uma mudança crescente em Myanmar, trazendo a esperança de que os muçulmanos deixem de ser bodes expiatórios.

A escuta compreensiva permite conhecer a perspectiva do outro. Seja qual for a sua opinião, o outro terá um olhar diferente sobre a situação. A escuta profunda não nega sua experiência, seus sentimentos, suas necessidades ou preferências. Ela traz um sopro de compaixão mútua que permite avaliar os problemas e compreender múltiplas perspectivas. É possível abordar situações difíceis, inclusive religiosas e políticas, ou simples, como de quem é a vez de tirar o lixo, sem ficar na defensiva, apegado a como você acha que deveria ser. Ou manter a mente aberta de um principiante e ver com mais clareza como a situação afeta você e todos aqueles ao seu redor.

O mundo é maior do que parece a uma mente fechada, maior do que sua memória e suas opiniões. Obviamente, você tem seus pontos de vista e opiniões, mas é o apego a eles que o mantém preso. Lao Tsé observou que "o filósofo está unido a seu oponente". Para ser livre, diz Ajahn Chah, afaste-se da guerra. Refugie-se na consciência amorosa que é sua verdadeira casa. Aprecie seus valores, mas abra espaço para outros. Essa indulgência o ajudará em todas as mudanças inevitáveis neste mundo misterioso.

Você pode fazer uma pausa a qualquer momento, ir além de seus preconceitos, ver o mundo com a mente de um principiante. Sinta como o seu corpo reage quando você faz isso, ficando presente e tranquilo, abraçando a tolerância. Observe que, quando você é franco, os demais relaxam a atitude defensiva. Permita-se ser curioso, amoroso e interessado. Aprenda a ver de novas maneiras. Nunca é tarde demais para abrir seu coração e sua mente.

Prática
Isso é verdade?

Com ternura e curiosidade respeitosa, reserve alguns minutos para perguntar a si mesmo:

Quem eu visualizo com a mente fechada? (Indivíduos e grupos)

O que eu visualizo com a mente fechada?

Que impressão eu tenho do mundo ao manter a mente fechada?

Agora, escolha uma pessoa, situação ou perspectiva para a qual você olha com a mente fechada.

Tente reverter suas percepções:

Tenho como saber se aquilo em que acredito é totalmente verdade? E se aquilo em que normalmente acredito não for verdadeiro?

Existe outra maneira de ver isso? E se o oposto for verdadeiro?

Como você pode ter certeza de que não é?

Qual é o sofrimento causado por manter essa opinião imutável?

Qual é a sensação de abrir mão de seu ponto de vista e olhar outra vez, partindo do zero?

Capítulo 10
O dom da autenticidade

Existe uma vitalidade, uma força vital,
uma energia que é traduzida em ação por meio de você.
Como você é único em todos os tempos,
essa expressão é única.
Se você a bloquear, ela nunca existirá.
– Martha Graham

É ótimo conviver com pessoas que não são presunçosas, que não estão se escondendo atrás de uma fachada. Que são apenas elas mesmas – honestas, diretas, sinceras. Esse tipo de sinceridade é a verdadeira riqueza. Não imitar, não se esforçar para ser como qualquer outra pessoa, ser apenas você mesmo, de maneira plena e honesta. Alegre ou deprimido, ansioso ou solitário, grato ou preocupado, aceite-se com todos os seus dons, seus problemas, seus defeitos. É muito animador quando a pessoa fala com franqueza.

Você nasceu para fazer isso

Em uma carta para a revista *Sun*, em 2010, Erika Trafton descreveu esta cena:

"Eu sou liiiindo?", meu filho pergunta, alongando a palavra como um caramelo esticado.
"Sim", respondo. "Você é."

O vestido azul e rosa deve ser feito de material altamente inflamável, alguma mistura química de tule e cetim.

Dedos gordinhos pintados com esmalte rosa tocam as lantejoulas do corpete.

"Adoro isso!"

Um enorme par de asas rosa-chiclete bate suavemente. Pezinhos pequenos dançam em sapatilhas vermelhas faiscantes.

"Sou como uma princesa de verdade!"

"Sim, você é", confirmo.

Cabelo cacheado, sorriso feliz, pele impecável. Esta criança é o símbolo da beleza americana. Esta criança, meu filho. Ele tem 4 anos e meio e prefere usar vestidos. Talvez seja uma fase, talvez não. Mesmo quando fico imaginando como gerei uma criatura tão angelical, eu gostaria que ele usasse calças e voltasse a brincar com carrinhos – não que isso seja importante para mim (não é), mas é que já posso até imaginar os xingamentos que ele ouvirá na escola. Muitos adultos já ficam incomodados com os vestidos. Pessoas estranhas balbuciam desculpas constrangidas quando percebem que ele não é uma menina. Esta cultura não tem espaço para menininhos que querem ser lindos.

Ele segura um guarda-sol que o vizinho lhe deu e o abre, radiante, sobre os ombros. "Estou bonito?", pergunta. Eu o envolvo em um abraço e estalo um beijo em sua bochecha. "Sempre."

Apesar de essa história ser contada pela escritora Erika Trafton, ela é também a nossa história. Somos Erika e o filho dela. Olhe nos olhos de uma criança de 3 anos de idade. Toda criança tem um espírito naturalmente livre, que quer dançar, brincar, gritar e criar. Com o tempo, à medida que nosso espírito é aculturado e disciplinado, podemos ficar paralisados. Às vezes é como se ele se perdesse, mas está apenas dormente. Mesmo agora, o espírito de criança que existe em você está aguardando que você se expresse livremente.

Vi certa vez uma tirinha com dois pequenos peixes conversando no fundo do mar sereno. Um deles dizia: "Quero o pacote completo: o pequeno aquário de vidro, o castelo de plástico, os seixos azuis." Algumas pessoas compram veleiros porque seu espírito ganha força enfrentando o vento. Outras compram veleiros porque todos os conhecidos do clube têm barcos e elas acham que devem ter também. Viva a sua vida, não fique se comparando. No zen, isso é expresso com simplicidade: "Não use o arco de outra pessoa, não ande no cavalo de outra pessoa." Não importa o que o mundo ao seu redor deseja; existe apenas uma pessoa a quem você pode ser fiel, e essa pessoa é você.

Sendo fiel

O mundo moderno torna mais difícil o autoconhecimento. A perda de nossa conexão interior começa cedo, quando queremos sobreviver, ser amados e incluídos. Olhamos ao redor e imitamos os outros, tentando entender como fazer parte. Muitas vezes a família, a escola e a comunidade não valorizam nossa natureza especial. Querem que ajamos como "deveríamos", não como somos.

Um garoto de 7 anos de idade foi jantar com a família e vizinhos em um restaurante no bairro. Quando a garçonete veio pegar os pedidos, Josh disse que queria "um cachorro-quente e um refrigerante". Sua mãe virou-se para a garçonete e pediu: "Ele vai comer bolo de carne, purê de batata, feijão verde e beber leite." A garçonete acabou de anotar os pedidos e, antes de ir, virou-se para o menino e perguntou: "Você quer ketchup e mostarda em seu cachorro-quente?" Depois que ela se afastou, Josh começou a cantar alegremente e disse: "Ela acha que eu existo."

Muitas vezes nossa cultura reprime a personalidade em vez de festejá-la. Um artigo de primeira página no *Wall Street Journal* informou que 45 milhões de crianças norte-americanas entre 2 e 12 anos tomam antidepressivos, remédios para tratar TDHA, ansiedade e hipertensão, além de medicação antipsicótica. É comum que meninos e meninas muito indisciplinados e agitados tomem remédios para passar o dia sentados na escola em vez de correndo por aí, como seria da sua natureza. E isso não acontece só com as crianças. Além da ampla dependência de remédios, os adultos de hoje enviam constantemente e-mails e mensagens, usam anfetaminas, fazem compras, bebem e abusam de drogas para se manterem ocupados e aliviar a tensão.

O portão do jardim se abre no momento em que percebemos as armadilhas que nos aprisionam lá dentro. A liberdade começa quando nos enxergamos com clareza e simplicidade.

Você é fiel a quem?

Quando você se sente mais livre para ser você mesmo? Existem milhares de respostas possíveis: quando estou sozinho, em festas, quando estou viajando, depois de alguns drinques, na natureza, com meus filhos, trabalhando, cozinhando, andando de bicicleta, velejando, vendo futebol, com minhas amigas, em férias. E quando você se sente menos livre para ser você mesmo? No escritório, em ambientes sociais, com meus sogros, diante de uma multidão? Qual é a sensação em cada situação? Quando trabalha, você se sente livre para ser você mesmo – criativo, teimoso, lento ou rápido, colaborativo ou concentrado. Em suas tarefas e prazeres, quão verdadeiro você se sente? Você está vivendo a própria vida? Quando escreve ou fala, é uma imitação ou você está contando a sua história? Conforme sua atenção plena se aperfeiçoa, você passa a se conhecer melhor e sua clareza se fortalece. Você identificará seus hábitos, medos e condicionamentos. Também passará a conhecer seus sentimentos e valores mais profundos, seus talentos, opiniões e propósitos. Também se tornará mais ativo e capaz de se ver em perspectiva.

Um bom amigo e dedicado adepto da meditação, CEO de uma empresa norte-americana líder no mercado, veio para um retiro em Spirit Rock. Nos primeiros dias, como muitas pessoas que meditam, ele percebeu que estava desatento e com o corpo dolorido. Recordou conversas inacabadas, reviveu experiências e planos para o futuro. Aos poucos, à medida que se tranquilizava, sua mente ficou mais silenciosa, sua atenção, mais estável, e as características de paz e bondade amorosa começaram a preencher boa parte de sua meditação. Nós nos vimos todos os dias e ele relatou suas percepções e sua experiência transformadora. Enxergou com muito mais clareza os padrões que tinha herdado, os problemas que precisava resolver, os desejos, a imaterialidade de tudo, a sabedoria do desapego. Em nosso último encontro privado, encontrei-o perspicaz e grato.

Ele sorriu para mim e disse algo inesperado: "Eu deveria ter me vestido melhor para este retiro." Perguntei por quê. "Quando você está se conhecendo pela primeira vez, quer ter uma boa aparência!", ele respondeu, e rimos alto juntos.

Quando você está determinado a ser você mesmo, percebe que existem muitas personalidades dentro de si. Pode ser introvertido ou extrovertido, pode ser um anarquista ou um republicano. Pode estar doente e depois se curar. Pode ser um soldado, um curandeiro, um pai ou uma mãe, um tolo. Seus interesses, gostos, compreensões, valores, circunstâncias, até mesmo sua saúde, mudam. Você já não é mais quem era antigamente. Você muda o tempo inteiro. Ainda assim, subjacente a todas essas mudanças está a liberdade fundamental, a preciosidade de estar presente, vivendo no agora. Com essa liberdade, você pode seguir seus desejos mais profundos e permanecer fiel até a medula.

Não tenha medo de transgredir, explorar, descartar, desapegar-se e experimentar. Há criatividade, contradições e esplendor em ser humano. Walt Whitman relembrou a muitas gerações: "Eu me contradigo? Pois muito bem, eu me contradigo. Sou amplo, contenho multidões." Conforme você se torna fiel ao seu vasto ser e à sua silenciosa natureza interior, surgem a plenitude e a coragem. À medida que suas circunstâncias e as expressões exteriores de você mudam, permita-se mudar também. Comemore tudo que você é.

Comece onde você está

Você nasce com um temperamento, uma personalidade e capacidades únicos. Você aprende, cresce, se desenvolve, luta, sofre, vence, perdoa, se apega e desiste. Às vezes sua vida é fácil, com saúde e prosperidade. Outras, é dura, como quando é preciso cuidar de uma criança deficiente ou de um parente doente, ou lutar para encontrar trabalho ou para colocar comida na mesa. Mesmo em circunstâncias tranquilas, você ainda pode se sentir insatisfeito ou deprimido, sem saber como demonstrar seus dons ou suas intenções mais profundas.

Lembre-se do espírito de Nelson Mandela. A liberdade começa exatamente onde você está. Aceite esse lugar, seja ele difícil ou fácil. Às vezes você é livre para mudar as circunstâncias, às vezes não. Andrea, que foi levado a um hospital depois de um AVC, descreveu seu longo processo de cura. "Deitado no leito do hospital naquelas longas noites escuras, reaprendendo aos poucos a mexer partes do meu corpo, as práticas da atenção plena e do amor me indicaram um caminho para superar as dificuldades e encontrar bênçãos e alegrias em todos os lugares. Quantas vezes desejamos que nossas circunstâncias sejam diferentes, mas neste momento é isto, esta é a nossa vida. Aqui é onde podemos ser livres."

Mesmo quando você está imobilizado – aprisionado ou, como descreveu Stephen Jenkinson, quando um "diagnóstico terminal chega abrindo caminho em nosso esquema de contentamento" –, interiormente você ainda é livre. Onde quer que esteja, lembre-se de que ninguém mais pode levar sua vida singular. Você é o único autor da sua autobiografia.

Segundo Chuang Tzu, "os verdadeiros homens e mulheres do passado não tinham medo quando defendiam suas opiniões. Eles aceitavam a vida como ela se apresentava e seguiam o próprio caminho, sem contar com os outros". Você é livre para decidir como viver sua vida. Você decide.

Atento por dentro, calmo por fora

Seus sentimentos podem ajudá-lo a encontrar o caminho. Na cultura americana, as pessoas são em geral ensinadas a esconder como se sentem. Percebi isso com intensidade quando voltei aos Estados Unidos depois de viajar por países de culturas mais afetivas, como a Itália, a Índia ou o México, nos quais amor e afeição, luto, raiva e comemoração são expressos de maneira mais aberta. Às vezes parece que voltei para uma geladeira cultural.

Essa cautela emocional cultural reflete a maneira como os sentimentos foram bloqueados em minha família. Quando entrei na faculdade, eu não enxergava em mim raiva, necessidade, luto ou medo. Esse bloqueio também limitou minha experiência de amor e alegria. Quando a porta do coração se fecha com receio de sentimentos dolorosos, os sentimentos belos também são bloqueados. Praticando a meditação quando jovem, enfim comecei a reconhecer mais os meus sentimentos.

A psicologia budista descreve um rio de sentimentos dentro de nós. A atenção plena nos ajuda a começar a identificá-los. Como monge, aprendi a observá-los e a nomeá-los conforme apareciam, com o apoio da consciência amorosa. Agora, quando dou aula, uso uma lista em inglês de 500 sentimentos para ajudar as pessoas a reconhecerem seus rios interiores. Ela começa no A, com aceitação, acanhamento, admiração, afeto, agressividade, aflição, ambição, ambivalência, amorosidade, ameaça, angústia, antagonismo, ansiedade, apatia, apoplexia, aversão, continua na letra B, com beligerância e boa-fé, e termina com sentimentos como volatilidade, zanga e zelo.

Uma vez que aprendamos a reconhecer os sentimentos, o passo seguinte é senti-los plenamente e, por fim, expressá-los adequadamente.

Muitas pessoas têm dificuldade em sentir dor ou raiva, medo ou vergonha. Algumas acham penoso permitir-se ser feliz ou alegre. Para perceber o que você está sentindo, o primeiro passo é identificar e reconhecer cada sentimento quando ele surge. Às vezes eu peço aos alunos que registrem em um diário todos os sentimentos que perceberem durante um dia ou uma semana. Quem foi reprimido pode ter dificuldade. Ajuda pesquisar junto de alguém, então eu me sento com o aluno enquanto ele nomeia seja o que for que estiver sentindo. Se ele diz "Não estou sentindo nada", eu anoto "Nada" e lhe peço que descreva em detalhes qual é realmente a sensação de nada. O aluno pode aos poucos relatar que é silêncio, vazio, dormência, palpitação, formigamento, tédio, estupidez ou liberdade. Trata-se de sentimentos subliminares, e o aluno começa a se reconhecer neles. Depois, peço que ele pense em alguém querido e diga em voz alta o sentimento que surgir. Na sequência, sugiro que visualize a pessoa mais difícil, ou um inimigo, e verbalize os diferentes sentimentos suscitados. Ele pode mencionar medo, raiva, mágoa, tristeza ou frustração. Esse é o início do aprendizado para reconhecer, diferenciar e tolerar sentimentos.

O passo seguinte nesse processo é usar a consciência amorosa para experimentá-los em seu corpo. A sensação é instável ou firme? Pulsante ou silenciosa? Quente ou fria? Como ela afeta seu coração? Sua mente? Sua respiração? Você fica tenso ou relaxado, mais agitado ou calmo, é prazeroso ou desagradável sentir isso? Como assim? Que outros sentimentos acompanham esse? Assim você poderá perceber a vida de maneira consciente.

Aceitando os sentimentos

Jennica meditava havia anos quando soube que seu marido mantinha um longo relacionamento secreto e escondera grande parte do dinheiro que possuíam. Ele terminou o casamento de maneira abrupta e lhe disse muitas coisas ofensivas. Quando veio falar comigo, perguntei-lhe se ela pensava em se vingar. Jennica começou a rir de nervoso, porque, obviamente, isso tinha lhe ocorrido, embora não se esperem pensamentos desse tipo vindos de uma pessoa "espiritual". Descrevi várias formas de vingança possíveis e rimos um bocado, o que acabou deixando-a aliviada. Não estávamos de fato considerando uma reação vingativa, apenas reconhecendo a intensidade de seus sentimentos.

Aprendi a reconhecer meus sentimentos quando era um monge na Ásia. Então cursei a faculdade de psicologia, onde dei os passos seguintes de minha educação emocional. Eu me envolvi em um relacionamento tempestuoso com uma mulher que conheci na faculdade, relação essa que, num curto espaço de tempo, desencadeou minha velha dor familiar. Insegurança, raiva, desejo e dependência vieram à tona. Desde o meu treinamento em atenção plena eu conseguia identificar o que estava pensando e sentindo, mas ainda não era capaz de expressar emoções fortes. Eu tinha aprendido a reprimir os sentimentos intensos, guardá-los dentro de mim para manter o controle, devido ao medo infantil da raiva explosiva e da tristeza em minha casa. Então, complementando meus estudos com os saberes da psicologia ocidental, comecei uma terapia com Myron Sharif, psicólogo da faculdade de medicina de Harvard. Sharif havia trabalhado com o controvertido e brilhante psiquiatra Wilhelm Reich, que focava o corpo.

Myron tentou me ajudar a expressar os meus sentimentos. Eu tinha me acostumado a ficar atento ao que se passava dentro de mim e permanecer calmo por fora, o que Myron chamou de "a defesa do monge". Depois de uma fase frustrante em que pouca coisa aconteceu, Myron perguntou qual hora do dia era mais difícil para mim. Respondi que era de manhã cedo. Não funciono muito bem nesse horário, gosto de dormir até tarde. Myron riu e marcou nossas sessões para as 6 da manhã, "quando as defesas do meu ego estarão baixas". Às 6 horas ele me obrigava a deitar e fazer uma série de exercícios respiratórios intensos para energizar todo o meu corpo. Depois, pedia que eu contasse histórias do passado e às vezes colocava para tocar árias de óperas famosas. Enquanto eu escutava a música, me sentindo energizado pelas respirações rápidas e inspirado por conta das histórias, ele estimulava e manipulava meu corpo para ajudar a liberar as energias e emoções. Sua manipulação era tão vigorosa que certa vez ele quebrou acidentalmente duas costelas minhas.

A terapia funcionou. Aos poucos, passei a expressar raiva, chorar e tremer de medo e de excitação. Fiquei mais consciente dos meus sentimentos e menos temeroso de expressá-los, mais livre para escolher a minha resposta. A raiva, a aversão e o desejo não eram mais forças assustadoras que precisavam ser reprimidas e se tornaram uma energia de vitalidade para eu sentir, me entregar ou usar como ferramentas poderosas.

Nesses 40 anos depois que deixei o mosteiro e trabalhei com Myron, aprendi a ficar mais à vontade em relação aos estados emocionais intensos, deixando que aconteçam ou, quando convocados, expressando-os. Sofrimento e lágrimas, raiva e força, alegria e tristeza passam por mim de maneira mais sincera e natural, e ajudo os outros a sentir, se expressarem, sorrir e aceitar seus sentimentos.

Como eu, você pode ter aprendido a reprimir seus sentimentos, temendo perder o controle ou deixar-se dominar. Com a prática da atenção plena amorosa, é possível estender gradualmente sua janela de tolerância para eles. Quando você consegue nomear, reconhecer e expressar cada sentimento – permitindo o calor da raiva, as lágrimas da vergonha, o aperto no coração da tristeza, o deleite do prazer, a exuberância da alegria –, você descobre que cada um deles tem uma história para contar, e por trás das histórias estão outros sentimentos. Quando você reúne coragem para abraçar seus sentimentos, para aceitar cada um deles e deixar que preencham a sua vida, você se torna mais livre.

O próximo passo é a liberdade de expressar seus sentimentos. Não todos de uma vez, muito menos descarregar sua raiva, mágoa ou ansiedade nas pessoas, mas falar: "É assim que eu me sinto. É isso que eu mais quero. É disso que preciso. Isso é o que importa para mim." Entrar em contato com os outros inclui trazer sentimentos, assim como intenções, para o relacionamento, o que pode ser assustador. Se, como na minha família, os sentimentos da infância foram reprimidos, qualquer exibição de lágrimas, raiva, frustração ou necessidade pode revelar-se aterrorizante. O crítico ou juiz que você carrega dentro de si se apresentará, e o medo de ser repreendido, humilhado, espancado ou marginalizado pode ser arrasador. Se você vem de um ambiente muito emocional, onde a raiva, o sofrimento, a frustração, as demandas, os desejos e os conflitos estavam no ar, também pode ficar amedrontado. Nesse caso, o temor é que a expressão de seus sentimentos possa desencadear catarses devastadoras e destruir os outros. Com a atenção plena, aos poucos você aprenderá a dar voz a seus sentimentos. Pode ser estranho, até mesmo assustador, mas, como com todas as outras dimensões de seu ser, será incrivelmente libertador.

Desejo

Um de nossos sentimentos mais confusos é o desejo. Algumas pessoas erroneamente acham que uma vida espiritual é uma vida sem desejos. Mas o reino humano é o reino do desejo. Como explicou a poeta Alison Luterman, abster-se dele é como esconder o biscoito com gotas de chocolate porque você está de dieta. No entanto, você é a única pessoa em toda a galáxia que sabe onde esses biscoitos estão escondidos. O desejo faz parte de nós. A liberdade e o amor exigem que você entenda o desejo e sinta-se livre para escolher quais desejos quer seguir. Existem desejos saudáveis, que vêm do fundo do seu ser, de um saudável amor pela vida, mas existem desejos prejudiciais, baseados em vícios, na avidez, na ganância, no medo, na inadequação e na imitação. Explore os seus desejos e, se eles não forem prejudiciais, experimente todos.

Escolha um desejo atual em sua vida. Ele pode ser material, como ter um novo smartphone ou um par de sapatos. Pode ser o desejo de ser apreciado por um amigo, um aumento de salário ou emagrecer. Traga-o à mente e observe onde e como você o sente em seu corpo. Ele é quente ou frio, contraído ou agradável, tenso ou vazio? Você o sente no estômago, na cabeça, no coração? Ele é sempre o mesmo? Que histórias ele conta sobre realização, sobre quão satisfeito você pode estar em relação a si mesmo, em relação a seu futuro? Observe quais emoções vêm com ele, como carência, saudade, crítica, inquietação, medo ou frustração. Perceba quando você age por desejo de maneira inconsciente, por impulso. Note ainda o que acontece quando você se torna testemunha do desejo, cultivando-o com a consciência amorosa. Ele muda, aumenta, desaparece, se esconde? Observe se o seu desejo é saudável ou destrutivo. Com a consciência amorosa você pode se afastar do desejo, e, como não está identificado com ele, fica livre para escolher.

Aprofunde seu estudo sobre o desejo. Veja como ele move o mundo – os negócios, a agricultura, a política, os romances e a procriação. Perceba como a propaganda moderna e a cultura consumista promovem um território de desejos. Elas reforçam nossa vontade, nosso sentido inexplorado de anseio e incompletude, o ilusório sentimento de que somos independentes e fragmentados. Observando-os detalhadamente, podemos notar que a carência e o desejo são fugazes, sem essência, mas, quando nos capturam, são como uma droga e não conseguimos ver com clareza.

Não confunda desejo com prazer. O prazer é uma parte natural e abençoada da experiência humana. O problema com a carência no desejo é sua avidez, como se a satisfação de um desejo após outro fosse criar uma vida feliz. Mas o desejo é insaciável. Aprenda a conhecer as limitações dele e escolha com sabedoria. George Bernard Shaw disse: "Há duas grandes tragédias na vida: não obter tudo que você deseja e obter."

Meu guru indiano Nisargadatta explicou que "o problema não é que você deseja, mas que não deseja o suficiente". E prosseguiu: "Você se limita a desejos por determinadas carências, necessidades, expectativas e ideias. Por que não desejar tudo? Descubra que você é tudo e nada e seus desejos serão realizados." Aceite o desejo com a consciência amorosa e deixe que ele conecte você à vida.

Livre para ser humano

Nos fóruns públicos, dá-se muita atenção às liberdades exteriores – à liberdade de expressão e religião, à liberdade da opressão, à liberdade econômica, à liberdade para meninas e mulheres aprenderem, criarem e viverem suas vidas nas mesmas condições que os homens. Essas liberdades são extremamente importantes e valiosas, conquistadas com grande esforço, e de tempos em tempos somos convocados a expandi-las e a defendê-las corajosamente. Isso é tanto uma necessidade quanto uma honra. As liberdades exteriores são um tesouro. Cultivá-las é um dos atos mais importantes que um ser humano pode realizar.

Com o foco cultural voltado para a liberdade exterior, raramente refletimos sobre a liberdade de viver de maneira plena, de estarmos atentos e ativos, de conhecermos nossa mente e nosso coração, enfim, de sentirmos o som de nossa música. Ainda assim, valorizamos aqueles que o fazem. Nos tempos modernos, podemos nos inspirar em Georgia O'Keeffe, que saiu de Nova York para pintar a natureza do Novo México; em Paul Gauguin, que deixou Paris para pintar os mares do Sul; nas equações visionárias de Einstein; e ainda nos exemplos de Steve Jobs, Albert Schweitzer, Amelia Earhart e Eva Péron.

Rumi sugeriu que nos dediquemos a um projeto grande e tolo como o de Noé. Se você pudesse refazer a sua vida neste momento, como seria? Como viveria de maneira mais plena, fiel a si mesmo? Como se manteria calmo de um jeito saudável? Como viveria com mais integridade, por dentro e por fora? Seria sensível à vida? Assumiria uma personalidade imprevisível, brilhante, excêntrica, honesta, gentil, corajosa ou criativa?

Por que não fazer isso? Saia e dance, plante, escreva um poema, dedique-se, mude de emprego, sente-se em silêncio, proteste, ganhe dinheiro, tenha um filho, cultive um jardim, comece um movimento, mude para o paraíso, volte para sua cidade natal. Você é mais livre do que pensa!

Prática

Sendo verdadeiro

Encontre um tempo para sentar, aquietar a mente e escutar profundamente a si mesmo. Reflita sobre as seguintes questões: como me sinto quando sou mais fiel a mim mesmo? Quais são as circunstâncias e os momentos que promovem isso? Como posso trazer mais disso para a minha vida? Abra espaço para qualquer resposta. A sua verdadeira natureza pode ser a de se acomodar e colaborar com os outros, ou de ficar mais sozinho.

Agora pergunte-se: onde sou menos fiel a mim mesmo? Quais são as circunstâncias e os momentos que promovem isso? Qual é a sensação? Qual seria o resultado se eu fosse mais fiel a mim mesmo?

Sem tentar mudar os outros, apenas se respeitando, o que você acha que pode acontecer? Mantenha a mente aberta. Mais importante: você pode se imaginar sendo fiel a si mesmo e se expressando com amor? De que modo viver assim mudaria a sua vida?

Capítulo 11
Livre para sonhar

Todos os seres humanos são sonhadores.
Sonhar é o que une a humanidade.
– JACK KEROUAC

A criatividade nos faz felizes. Quando olhamos para o mundo moderno, cada ponte e prédio, cada jardim e camisa, a colher e a mesa à sua frente, seu macarrão, o molho de salada e sua receita, tudo isso começou como um pensamento criativo na mente de alguém. Vivemos em um mar de criatividade visível. Reserve um momento e se abra para essa força imensa. O mundo natural é infinitamente criativo, com nuvens e ondas e plantas de todas as formas, 1 milhão de espécies de besouro, montanhas novas sempre surgindo em todo o mundo, pores do sol únicos todos os dias. Nós, seres humanos, como parte desse processo natural, também criamos, momento a momento, século após século. Visualize as pessoas que idealizaram a primeira tecelagem de fios de linho ou de algodão, que produziram as primeiras janelas de vidro, a primeira carroça, que inventaram uma bebida a partir da semente do cacau, que durante milhares de anos fizeram experiências com maquiagem e tatuagens. Essa é a sua linhagem.

Expresse sua emoção

Quando você vê a vida como uma oportunidade para estimular o seu espírito criativo, liberta-se para contribuir com alegria e de maneira plena. A dimensão do seu sofrimento e todas as lutas do seu cotidiano podem se tornar ingredientes de sua paleta criativa. Assim, de modo consciente ou não, é possível transformar sua determinação em uma arte. Às vezes por meio de poemas ou pinturas, às vezes cuidando de um jardim escondido, ou levando a vida de uma forma única. Onde quer que você se encontre, deixe que as circunstâncias despertem a liberdade criativa em você. Independentemente da situação, dê ao mundo uma resposta espirituosa.

Depois da tragédia do 11 de Setembro, um professor de uma faculdade de artes em Manhattan afirmou que seus colegas tinham ficado abatidos. Diante de tanta devastação, muitos acharam que fazer arte parecia fútil, desnecessário, absurdo. Eis a resposta dele:

Eu não poderia responder nada diferente do que responderia caso eles estivessem discutindo a redundância da beleza ou da respiração. O que eu poderia dizer? Que em junho de 1945 trabalhadores que recuperavam os campos de concentração nazistas encontraram poemas escritos em papéis dobrados em quatro e enfiados nos dutos da fiação elétrica? Que alguém, mesmo aguardando um interrogatório ou a morte, escolheu esconder um poema copiado em um pedaço de papel higiênico para que sua alma, diante do fim do corpo, não lhe fosse tomada?

Sejam quais forem as circunstâncias, você está livre para escrever seu poema, para dançar a sua dança, para expressar as profundezas do seu coração.

"O pássaro tomou as minhas asas"

Tenho visto a liberdade criativa expressa por homens que participam dos programas de Dharma na prisão de San Quentin. Jarvis Masters está no corredor da morte e decidiu experimentar a prática budista da não violência. Ele conta que estava no pátio da prisão num dia de inverno e uma gaivota pousou numa poça de água. O prisioneiro jovem e muito forte que estava ao seu lado pegou uma pedra para atirar na ave.

Seguindo seu voto de compaixão, Jarvis instintivamente levantou o braço para impedir o sujeito. O prisioneiro jovem gritou, irritado: "O que você pensa que está fazendo?" Todos no pátio, até mesmo os guardas, ficaram quietos e alertas para ver o que ia acontecer. Em geral, é melhor não se meter com outros prisioneiros; quem desrespeita essa regra o faz por sua conta e risco.

Jarvis se virou e falou, de maneira espontânea: "As asas desse pássaro são minhas!" Ao ouvir isso, o jovem olhou de forma zombeteira para Jarvis, tentando entender, e abaixou o braço com a pedra. O rosto dele se suavizou. Todo mundo relaxou. Ninguém entendeu exatamente o que aconteceu, mas todos respiraram aliviados. Dias depois, contou Jarvis, os prisioneiros nas celas o procuraram para perguntar o que ele quis dizer com "As asas desse pássaro são minhas!". Foi como um *koan* zen. Jarvis não respondeu, apenas sorriu. Ainda assim, de modo instintivo, todo mundo soube do que ele estava falando. Mesmo quando seu corpo está confinado ao pátio da prisão e rodeado de cercas de arame farpado e torres de vigilância com guardas, existe uma liberdade. Seu espírito pode voar livremente como a gaivota abrindo suas asas sobre a baía de São Francisco.

Talvez essa seja uma boa conduta quando você está em apuros. Diga algo meio maluco. Apesar de sua situação não ser tão terrível como a dos prisioneiros em San Quentin nem tão dramática como no ataque do 11 de Setembro em Nova York, seu espírito é livre. Por fora, você pode ser limitado pela cultura em que vive ou pela insistência do tempo, pela personalidade das pessoas ao seu redor, pelo envelhecimento do corpo, pelas necessidades financeiras ou pela expectativa da morte. No entanto, como Jarvis e Nelson Mandela, há uma parte de você que é livre para responder criativamente.

Eles são os seus sonhos

O professor de arte Howard Ikemoto relatou: "Quando minha filha tinha 7 anos, ela um dia me perguntou o que eu fazia no trabalho. Respondi que ensinava as pessoas a desenhar. Ela me olhou incrédula e disse: 'Quer dizer que elas esquecem?'"

Talvez você se lembre de quando seus professores de arte no ensino fundamental não reconheciam a girafa genial que você tinha acabado de desenhar ou reclamavam que o céu que você pintou (como o de Van Gogh) não deveria ser laranja nem amarelo nem rosa. Talvez o diretor do coral na aula de música tenha lhe dito para fingir que estava cantando porque você era desafinado. Talvez você tenha parado de cantar, de pintar, de dançar e de planejar seu voo para Marte há décadas. Você se desesperou porque eles disseram que sua vida não era criativa do jeito certo.

Não deixe que as ideias dos outros enganem você. Não deixe o desespero enganar você. Esqueça o jeito antigo de pensar e use os ingredientes de sua vida. A *imaginação* é o primeiro passo da criatividade. Um visitante em uma pedreira na França perguntou a diversos trabalhadores o que eles estavam fazendo. O primeiro disse que estava cortando e nivelando um lado de um bloco de pedra. O segundo disse, de maneira mais inteligente, que estava cortando a pedra para ganhar um bom dinheiro. O terceiro respondeu alegremente que estava ajudando a construir uma grande catedral.

O espírito criativo não está vinculado a horários fixos ou a determinados trabalhos. Ele não pode ser perdido. Então apenas abra o portão interior. Por milhares de gerações seus ancestrais cantaram canções, pintaram imagens, dançaram, tocaram tambor, construíram e desenharam e cozinharam e decoraram e rezaram e viajaram. Assim como é da natureza do coiote uivar; do vento, soprar; das folhas de bordo, ficarem vermelhas e alaranjadas; das crianças, rodarem e dançarem e gargalharem; a criação está em nosso DNA.

Todo mundo é artista. Às vezes isso aparece, outras vezes fica à espera, escondido. Nos retiros, com o especialista em mitologia Michael Meade e o poeta Luis Rodriguez, ensinei a jovens vindos de reformatórios e a veteranos de guerra do Afeganistão e do Iraque como transformar seu sofrimento e sua sobrevivência em arte. Rituais poderosos, sinceridade e poesia revolucionária liberam a voz criativa nesses homens. Muitos nunca escreveram um poema ou uma história, outros mal foram além da leitura de algumas frases, mas, quando eles ouvem os poemas emocionais de Luis e sentem o encorajamento do grupo para se expressar, cada um descobre que tem uma história importante para contar, um choro abafado ou traído que se torna um conto ou poema convincente, uma voz que precisava ser ouvida.

Ser criativo não é algo frívolo, trivial ou opcional. É o seu sangue fluindo, a sua língua aceitando essa aventura íntima e estranha, você deixando sua marca visível na misteriosa trilha da evolução. Você está recuperando a sua alma.

Construindo a sua vida

Você pode pensar que não é um artista, nem mesmo uma pessoa criativa. Mas é, e a tela é a sua vida. Sua vida é sua criação, seja ela extravagante ou pequena, seja limitada a uma cadeira no canto de um quarto ou a uma cama de hospital, seja viajando para Timbuktu, seja tendo uma família maravilhosa – ou seis gerações de disfunção familiar.

Quando você entende que sua vida é a sua tela, seus sonhos podem se abrir e ficar maiores ou mais modestos, mais divertidos, genuínos, gentis, cuidadosos ou intensos. Eis aqui algumas perguntas para você: qual é a visão de sua vida? O que limita sua imaginação? Qual é seu estilo? Que tipo de arte você quer fazer?

Quando você olha para sua trajetória de vida, consegue reconhecer o histórico de sua família e as expectativas da sociedade. É importante ver essas coisas com clareza e aceitá-las, mas elas são apenas o começo, não o fim. Elas basicamente preparam a tela. Identifique suas circunstâncias e então recue, deixando as perspectivas em aberto. Olhe para sua vida não como algo imposto, mas como se você fosse o roteirista e o diretor, e imagine para onde seguirá o enredo a partir daqui. Admita que circunstâncias externas – sorte e destino – podem impulsionar um sonho: como o racismo que inspirou Gandhi, os horrores da Guerra da Crimeia que motivaram Florence Nightingale, o jardim que coloriu as pinturas de Monet, o treinamento em caligrafia e as viagens à Índia que despertaram a visão de Steve Jobs. Deixe que suas circunstâncias convidem os seus sonhos.

Toda vida é uma jornada visionária, uma paleta criativa. A sua pode começar como um comerciante, um pequeno empresário, um empreiteiro, uma professora de ioga, um contador, uma mãe solteira, um professor de ciência da computação ou um organizador de casamentos. Onde quer que você esteja, recue e reflita. Qual é a visão mais bonita que você tem para a tela da sua vida, partindo exatamente de onde você está? Mais do mesmo, porém mais doce e mais profunda? Ou você imagina uma mudança de casa ou de profissão? Mais estudos? Viagens? Uma vida introspectiva, mais contemplativa e quieta, ou maior engajamento social? Uma nova arte ou um novo estilo? Um amor novo, talvez? A disposição de seguir rumo ao desconhecido, ao inexplorado?

Enquanto você imagina as possibilidades, observe como suas dúvidas, limitações e reservas também vêm à tona. Você teme não ter energia, tempo, liberdade ou dinheiro suficientes. Você tem responsabilidades para com a família, o trabalho, a comunidade e os amigos. Não poderia simplesmente mudar de rumo. Isso abalaria a família, decepcionaria muita gente e colocaria em risco sua situação estabelecida.

Essas são as vozes que podem impedi-lo de crescer. Sinta como elas o controlam. Deixe que falem, reconheça-as e curve-se a elas, mas perceba que são apenas pensamentos. Depois pergunte-se: "Se eu pudesse fazer qualquer coisa, o que seria? Como minha vida mudaria?" Quais seriam os primeiros passos para entrar nessa nova criação da sua vida?

Será que você vai se arrepender de não ter tentado?

Consciente e verdadeiro

Para criar arte você precisa mesclar disciplina com uma certa despreocupação. Na opinião do saxofonista e compositor de jazz Charlie Parker, "é preciso aprender a tocar seu instrumento e depois praticar, praticar, praticar. Então, quando você finalmente sobe no palco, esquece tudo isso e simplesmente toca".

Para criar um aplicativo excepcional, compor uma música ou elaborar um programa de computador, trabalhar pela justiça social, plantar um jardim ou construir um negócio é preciso ter disciplina. Você terá que conviver com a repetição e seguir em frente. Para ampliar seu canal criativo, abra a mente e torne-se confiante, disposto a falhar, cair, levantar, trabalhar, jogar, praticar, refazer e aprender. O filósofo estoico Epicteto disse: "Se você deseja ser um escritor, escreva." O dramaturgo Paddy Chayefsky foi além: "Artistas não falam sobre arte. Artistas falam sobre trabalho. Se tenho alguma coisa a dizer a jovens escritores, é que parem de pensar na escrita como uma arte. Pensem nela como trabalho... Arte é para acadêmicos, para estudiosos, para o público. Arte não é para os artistas." Não importa o que você fizer, faça com estilo. Vi trabalhadores imigrantes limpando banheiros e cuidando de doentes com o sorriso radiante dos santos. Vi técnicos de basquete infantil combinando uma disciplina forte e amorosa com um coração generoso que instigava todo mundo a dar o melhor de si.

Deixe que a tela de sua vida tenha estilo! Tatuagem ou clube de campo, organização não governamental ou Wall Street, coletivo ou solitário, introvertido ou supersociável – brinque com seu estilo, sonhe com ele, experimente-o, desfrute-o. Você pode sonhar alto e começar uma emissora de notícias a cabo, como Ted Turner, ou cultivar um sonho pequeno e exótico, como uma miniatura persa, delicado como um narciso, ou firme como uma sequoia gigante. Você é a tela. Crie algo consciente e verdadeiro.

As pessoas mais cativantes são as que se interessam pela vida. A criatividade é despertada pela curiosidade, e a curiosidade é sempre específica. Para o astrônomo, é a forma de uma galáxia. Para o designer, a leve curva arredondada da ferramenta na palma da mão. Para o cozinheiro, o queijo cheddar inglês envelhecido, o alho recém-esmagado e as folhas verdes frescas de hortelã do jardim. Para o poeta, é observar uma sobrancelha que se ergue, desnivelada, e a cacofonia de corvos em um fio de alta tensão sobre um campo de futebol destruído em uma cidade decadente do interior. Conforme você se torna presente, interessado, atento e consciente, sua liberdade e sua criatividade aumentam.

As correntes da vida

Deixe o processo criativo começar a se mover através de você. Escolha uma disciplina, preste atenção nos mestres em seu campo. Pratique seu ofício, sua arte, sua dança, suas habilidades. Depois abra um fluxo maior e mais misterioso. A criatividade precisa de uma liberdade atenta, relaxada, para permitir o surgimento de algo novo. Siga seus instintos, seus sentimentos, seus sentidos, seu corpo. Deixe que uma leve irritação se torne um riacho, o qual, por sua vez, leve a um poema cuja energia rompa o dique que represa a raiva contra Deus e contra a extinção dos rinocerontes. Deixe que os pés agitados ou que os ombros tensos façam um movimento que se transforme em dança e em liberação arrebatadora. Deixe os sons do restaurante virarem um ritmo espontâneo, a música do mundo, como o experimento de John Cage. Comece de modo desenfreado, rompa, construa, cometa erros de propósito, circule, divirta-se, resgate suas ideias, supere a si mesmo e, acima de tudo, confie. A criatividade é uma maneira de permitir que as energias da vida que se renovam eternamente se movimentem através de você.

Certa vez, eu estava escrevendo um livro no silêncio absoluto da Biblioteca Teológica San Anselmo quando um jardineiro começou a usar um soprador bem embaixo da janela. Fiquei incomodado, queria que o lugar permanecesse silencioso. Depois de me conscientizar de minha frustração e tirá-la da cabeça, minha mente relaxou e eu me achei novamente pronto para escrever. Mas não consegui. Para minha surpresa, não conseguia ouvir as palavras. Percebi que é assim que a minha criatividade funciona: eu escuto as palavras e as escrevo.

Na semana seguinte, em um jantar beneficente com outros autores conhecidos, contei essa história para ver se eles também escutam as palavras e depois as escrevem. Dois disseram que sim. Uma escritora disse que via imagens e escrevia para relatar o que estava vendo. Outro disse que seus textos vêm da terra, passam por seu corpo e se manifestam por meio de seus dedos. A energia criativa tem canais próprios de revelação e expressão.

Quando você se abre para a criatividade, a fé na fonte da vida cresce. Essa confiança permite que você escute, colabore, fracasse, descubra, explore e veja outra vez. À medida que você se abre e ouve, algo novo nascerá. Rilke explicou: "Ser um artista significa crescer como uma árvore que resiste, confiante, à tempestade de inverno, sem temer que o verão possa não vir. Ele sempre vem."

Sonhe alto e dance

Filhotes de cão e gato correm e rolam pelo chão, lontras e chimpanzés provocam e perseguem uns aos outros, crianças que não sabem se são ricas ou pobres brincam juntas, apenas se entregam ao mundo, para estar vivas. A atriz ícone do cinema francês Jeanne Moreau disse, em uma entrevista, que "morreria muito jovem". O entrevistador então perguntou: "Com que idade?". "Não sei, talvez com 70, 80, quem sabe 90 anos. Mas vou morrer muito jovem."

Qualquer coisa que faça você se sentir vivo é um canal para sua liberdade. Desfrute a criatividade tal como ela se apresenta. Cresça e alimente sua dedicação, sua expressão e sua atenção. Seja na vocação ou na desocupação, na profissão ou no passatempo, liberte o espírito criativo para dançar com você.

Um pai de primeira viagem contou esta história:

Sou um artista. Quando minha filha nasceu e eu estava lá no hospital, lembro que conversei com o médico sobre o meu trabalho. O médico confiou em mim e disse: "Eu queria ter sido músico, porque adoro tocar piano clássico."

Mais tarde, depois que minha esposa deu à luz, o médico trouxe a boa notícia de que ela estava bem e que eu tinha uma menininha saudável. Enquanto estávamos ali, eu recebendo a boa-nova, outro médico se aproximou daquele que tinha acabado de fazer a cesárea de minha filha e disse a ele: "Doutor, eu só queria dizer que você teve um desempenho brilhante lá dentro. Foi uma honra atuar como seu assistente."

Eu me virei para o médico e falei: "Agora me conte a verdade. Você acabou de trazer uma vida nova ao mundo, salvou outra vida e um de seus colegas disse que foi uma honra estar na sua presença. Pelo amor de Deus, você fala sério quando diz que gostaria de ser músico?"

O médico sorriu, balançou a cabeça e respondeu: "Tudo correu muito bem lá dentro." Nós dois rimos e então ele continuou: "Sei exatamente por quê: esta manhã acordei cedo e toquei Chopin durante uma hora."

O que poderia se transformar em uma dança, expressar-se como arte? Tente algo novo. Desenhe com a mão esquerda. Escreva um poema. Aprenda a dançar tango. Pinte sua caminhonete. Comece um projeto criativo e se conecte com outras pessoas. Distribua na esquina os tomates e as abobrinhas da sua horta. Você não está aqui apenas para carregar pedras. Sonhe grande e dance.

Prática

Você é um artista

Reserve de 20 a 30 minutos para se afastar do seu local de trabalho, de sua mesa, de seu computador, de sua pia, de seu cavalete, de seu jardim.

Saia para uma breve caminhada. Observe as cores sutis do céu, o brilho das folhas ao seu redor e seus milhares de formatos. Escute a miríade de sons do ambiente e acrescente à sua caminhada um trecho de sua música favorita no celular. Sinta que você está no filme da sua vida. Você é o ator, o diretor e o roteirista. Veja os papéis que você assumiu para essa parte da história. Sorria. Alguns de seus personagens já estão traçados e o elenco foi definido, mas a maneira de interpretá-los e a reescrita das novas cenas dependem de você.

Encontre algum local onde possa se sentar em silêncio. Reflita sobre a sua vida como uma obra de arte, com seus amores e triunfos, suas tragédias e comédias, suas perdas e redenções.

Imagine que você pode acrescentar mais arte à sua vida. Pode ser algo literal — e, nesse caso, você se verá criando um aplicativo, fazendo vídeos, pintando, dançando, surfando, escrevendo poemas, praticando aikidô, cultivando rosas premiadas.

Agora, imagine sua vida como uma obra de arte. O que você pode fazer para adicionar mais arte à sua vida? Como Shakespeare, você terá de viver em meio à comédia e à tragédia, à liderança, ao amor e a conflitos, a perdas e a reconciliações. Que estilo, que alegria você poderia acrescentar? O que tornaria sua vida mais poética, mais heroica, mais terna e mais bonita?

Ninguém viveu isso antes. É a sua vez de viver.

Parte Quatro

Liberdade de viver

Siga o veio da sua própria madeira.
– Reverendo Howard Thurman

Capítulo 12
Colocando em prática seus talentos

Confie naquela vozinha em sua cabeça que diz
"Não seria interessante se..." e então faça!
– DUANE MICHALS

Puanani Burgess escreveu: "[E] se fôssemos capazes de ver o talento em cada um de nossos filhos e ensinar usando esse talento como ponto de partida? O que aconteceria se nossa comunidade fosse baseada em talentos? Se pudéssemos de fato entender qual é o talento de cada comunidade e começar a apoiá-lo?" Você pode cooptar a vida para ser parceira criativa do mundo. Você está livre para ir embora ou para se envolver, vender tudo, armar uma confusão, criar música, fazer amor, voltar ou fugir, investir, construir, escrever, explorar, dormir ou ir a Las Vegas. A liberdade é uma responsabilidade grande, linda e urgente, e uma consequência natural de ser humano. Cada um de nós tem expressões e talentos únicos. Estamos aqui para exercê-los.

Livre para agir

Saber que você é livre para agir pode livrá-lo das amarras interiores. Mas é preciso entender que há consequências. Se infringir a lei, pode acabar preso; se trair uma pessoa, pode destruir o relacionamento para sempre. No entanto, você é livre para agir, experimentar, aprender, explorar, errar, se expressar, se esconder e recomeçar. O jogo é seu.

Às vezes não nos sentimos livres assim. Ficamos nervosos, relutantes, desanimados ou irritados, até mesmo paralisados. Ou nos sentimos pressionados pelo mundo e seus intermináveis ciclos de pobreza, conflito e injustiça. Os políticos e a mídia alimentam nossos medos, pois o medo influencia os eleitores e vende jornais. Não embarque nessa! Sim, existem grandes problemas – mudança climática, guerra, racismo, exploração econômica. Se você só se preocupar, vai se sentir pressionado, exausto. O indiscutível é que você está aqui, agora, e *pode* contribuir. Edward Everett Hale explicou: "Sou apenas um, mas sou um. Não posso fazer tudo, mas posso fazer alguma coisa. Não vou deixar o que não posso fazer me impedir de fazer o que posso." Você é livre para contribuir para este mundo – a todo momento, todo dia.

Tente novamente

E se eu cometer um erro?, você pode pensar. E se eu fracassar? Quando Krishnamurti disse a Vimala Thakar, seu discípulo relutante, para começar a ensinar, sua instrução foi: "Não tenha medo de fracassar." Os erros são necessários. Eles são o método científico natural, como crianças muito pequenas testando repetidamente o poder da gravidade. É assim que você aprende a surfar, escrever, falar, andar de bicicleta, fazer música e amor. Buckminster Fuller disse: "Existem várias verdades irreversíveis muito importantes para serem descobertas em nosso Universo. Uma delas é que, cada vez que você faz um experimento, aprende mais: literalmente, não há como aprender menos."

Às vezes, nos sentimos intimidados a agir porque temos medo do que pensarão de nós. Perceba qual é a sensação quando se trata de "você", de seu valor e de sua autoconsciência, de sua autoestima e de sua imagem. Às vezes, para compensar, agimos de modo surpreendente, tentando mostrar que somos melhores do que acreditamos ser. Pode ser uma experiência muito interessante para refletir: "E se essa ação que me deixa nervoso não for uma avaliação do MEU desempenho? E se for só uma experiência? E se for apenas uma experiência criativa, um em mil atos para experimentar e ver o que acontece?" É claro que você ainda se importará com o que pensam de você, mas, se sua personalidade é brincalhona e honesta, relaxada e comprometida não com o ego, mas com a sua verdade, aqueles que estão ao seu redor sentirão isso.

A liberdade de agir é imediata, imaginativa, espontânea e estimulante. A beleza surge quando a liberdade de agir se mistura à quietude. Encontre maneiras de se acalmar para que possa sentir em seu coração o que realmente importa. A partir daí será possível mergulhar no mundo partindo de um lugar de autenticidade e de funcionamento no melhor de si. Conforme você aquietar a mente e se abrir para a realidade do presente, saberá o que fazer. Às vezes, sua ação resultará na criação de uma escola ou uma empresa, de um jardim ou um romance. Outras vezes você agirá para deter a opressão, o mal ou a injustiça. Muitas vezes a melhor ação é a inação, mas sempre oferecendo uma presença atenta e cuidadosa.

Tudo isso pode ser feito com amor. Gandhi se desligava de seu papel de líder e tirava um dia da semana para permanecer em silêncio, escutando e compreendendo suas intenções amorosas mais intensas. Ao agir tendo como base sua verdade mais pura, ele inspirou milhões de pessoas. As melhores revoluções que varreram o mundo trouxeram uma visão nova e transformadora que até então era inimaginável. É nossa obrigação manter vivo o espírito revolucionário.

Até a guerra pode ser repensada. Khan Abdul Ghaffar Khan, um grande amigo de Gandhi, organizou o maior exército de paz que o mundo moderno já viu. Nos anos 1930, no Afeganistão e no Paquistão, então chamado de Província da Fronteira Noroeste da Índia, ele treinou mais de 100 mil muçulmanos devotos para resistir à lei britânica sem violência, com suas vidas – tudo sem armas ou ódio. Eles mantiveram seus votos e foram bem-sucedidos, apesar da enorme provocação e dos muitos ataques que sofreram.

Agir livremente decorre da calma e é reforçado pela escuta interior. Mesmo assim, seu curso de ação pode não ser claro. Ele pode estar misturado com desordem, hábitos ou desejos superficiais. É de esperar que haja contratempos. Não se preocupe. Muitas vezes você precisa apenas tentar, dar o primeiro passo e ver aonde ele o conduzirá.

Visão e ação

Jacques Verduin começou o projeto Insight Prison (Insights na prisão) em San Quentin, de onde se espalhou para outras prisões. Seu objetivo é oferecer ensinamentos de atenção plena e compaixão como apoio para o imenso número de homens e mulheres encarcerados no terrível sistema prisional dos Estados Unidos. Ele explicou ao diretor de San Quentin que gostaria de iniciar um programa contínuo para quem quisesse mudar de vida por meio do gerenciamento da raiva, do perdão e das práticas da atenção plena. Com perseverança para enfrentar a burocracia, obteve permissão para oferecer aulas regulares na capela. Ao chegar para a primeira aula, cheio de expectativas, ficou surpreso e decepcionado ao ver que apenas um prisioneiro tinha optado pelo curso. Era Ali, um idoso muito respeitado, muçulmano praticante. Ali tinha vindo porque queria entender o que Jacques pretendia ensinar. Começaram a conversar sobre a importância de desenvolver a força espiritual da atenção plena e do treinamento interior. Jacques sentiu-se desconfortável dando aula para apenas um aluno.

Então ele perguntou a Ali sobre a prática muçulmana e ouviu explicações a respeito da alimentação, da ética e da necessidade de orar cinco vezes por dia. Em seguida, pediu a Ali: "Você me ensinaria a rezar?" Tirando com cuidado um tapete de oração do bolso e mostrando a direção de Meca, o prisioneiro ungiu os pulsos de Jacques e sua nuca com um óleo perfumado e ensinou-lhe a reverência. Depois de alguns minutos de oração silenciosa, eles se sentaram. Ali riu e disse: "Você é legal. Vou dizer ao pessoal para vir para a sua aula." Na semana seguinte, a capela estava lotada de interessados. Foi assim que o programa se espalhou por todo o estado.

A quietude interior ajuda você a aprender como reagir. Reserve um tempo para ficar sozinho, caminhar ao ar livre, contemplar, ouvir música ou o canto dos pássaros, ou simplesmente para ficar quieto. Você pode estimular essa conexão interior todos os dias. Mesmo em breves momentos, é possível fazê-lo. Quando você parar em um sinal vermelho, relaxe os ombros, sinta a respiração e apenas escute, de modo a permitir que sua próxima ação venha do que existe de mais livre e autêntico em você. Quando uma pessoa é verdadeira consigo mesma, inspira os outros a serem assim. Nas palavras de William Butler Yeats: "Podemos fazer nossa mente ficar tão tranquila como um espelho de águas paradas. As pessoas se aproximarão para ver as próprias imagens e, então, viverão de maneira mais transparente, talvez até mesmo mais intensa, por causa de nossa tranquilidade."

A visão nasce da ação e a ação precisa ser informada pela visão. Dessa união nasce a sabedoria.

Apresente seu talento

A educadora havaiana Puanani Burgess contou a seguinte história:

Batizei um dos processos que uso para ajudar as pessoas a falarem umas com as outras de Construindo a Comunidade Amada. Nele, faço um exercício em que peço que as pessoas contem três histórias.

A primeira é a história de todos os seus nomes. A segunda é a história de sua comunidade. A terceira é a história de seu talento.

Uma vez apliquei esse processo a um grupo de uma escola do ensino médio. Fizemos um círculo e houve um jovem que contou muito bem a história de seus nomes e de sua comunidade, mas na hora de falar do talento perguntou: "Como é isso, senhorita? Que tipo de talento você acha que eu tenho? Estou nesta turma de educação especial, tenho muita dificuldade para ler e não consigo entender matemática. Por que você me faz passar vergonha perguntando esse tipo de coisa? Que tipo de talento você tem? Se eu tivesse algum, acha que estaria aqui?"

O garoto terminou de falar e ficou quieto, e eu me senti envergonhada. Nenhuma das vezes que apliquei esse processo jamais, jamais eu tinha envergonhado alguém.

Duas semanas depois, estou na mercearia local e vejo o garoto num dos corredores. Ele está de costas e eu penso em ir até lá com o meu carrinho. "Nada disso, não vou lá." Então começo a me afastar o mais rápido possível, na tentativa de fugir dele, mas ele se vira e me vê, abre os braços e diz: "Tia! Andei pensando em você, sabia? Estou há duas semanas pensando: 'Qual é o meu talento? Qual é o meu talento?'" Eu pergunto então: "OK, irmão, então qual é o seu talento?"

Ele diz: "Sabe, andei pensando, pensando, pensando. Não consigo fazer essa matemática e não consigo ler tão bem, mas, tia, quando estou no mar, chamo o peixe e ele sempre vem. Toda vez eu consigo colocar comida na mesa da minha família. Toda vez. Às vezes, quando estou no mar e o Tubarão aparece, ele olha para mim e eu olho para ele e digo: 'Tio, não vou pegar muito peixe. Vou pegar apenas um ou dois para a minha família. O resto eu deixo para você.' Então o Tubarão diz: 'Ah, na boa, irmão.' Eu respondo ao Tubarão: 'Tio, você é legal.' Daí o Tubarão segue o caminho dele e eu sigo o meu."

Olho para o garoto e percebo que ele é um gênio, comprovadamente. Porém, do ponto de vista das escolas e da maneira como elas são administradas em nossa sociedade, ele é considerado lixo. É um menino totalmente destruído e desvalorizado. Então, quando falei com o professor dele e com o diretor da escola, perguntei como seria a vida daquele garoto se o currículo fosse baseado nos talentos dos alunos? Se conseguíssemos identificar o talento de cada uma das crianças e ensinar usando esse talento como base? O que aconteceria se a comunidade se baseasse em talentos? Se conseguíssemos de fato entender quais eram os talentos de nossas comunidades e começássemos a apoiá-los?

Pois, para mim, essa é uma abordagem muito natural – ser capaz de identificar o talento em cada aspecto da vida.

O propósito da vida, disse Malidoma Somé, um xamã e amigo africano, é apresentar seu talento ao mundo. O povo Dagara diz que cada pessoa nasce com determinado potencial para distribuir nesta Terra. Nada traz tanta satisfação e significado à vida quanto poder expressar e oferecer ao mundo nosso talento e nossas capacidades únicas. Da mesma forma que esse garoto, é possível que sua família, sua cultura ou sua educação não reconheçam seus talentos. Cabe a você identificá-los e valorizá-los; distribuir seu potencial. Preste atenção no que você ama, no que o deixa feliz. Com que você se importa? Perceba se você se sente atraído por voar, surfar, cuidar do jardim ou, quem sabe, estudar ciências, fazer política, praticar esportes, criar música ou participar da organização comunitária. Experimente, arrisque. Seja independente, inovador, autoconfiante ou faça o óbvio. Inspire-se na epifania desse jovem que aceitou seu talento para a pesca, fornecendo alimento para sua família.

Angie Thieriot e Patricia Phelan começaram a trabalhar juntas em 1978. Tinham uma preocupação em comum: acreditavam que os hospitais haviam se tornado locais frios e desumanos. Juntas, lançaram a Planetree, uma organização de cuidados com a saúde que se tornou líder mundial no atendimento ao paciente. Quando você vai a um hospital para se tratar, ou como membro da família ou da equipe, fica evidente como os benefícios dos sistemas tecnológicos, do monitoramento 24 horas, da velocidade e da impessoalidade também podem ter um lado ruim, atrapalhando o sono e a recuperação. Angie e Patricia decidiram criar uma alternativa. A unidade hospitalar modelo da Planetree em nada lembra um hospital. A música que toca ao fundo é clássica, suave. Os pacientes usam robes e pijamas que trouxeram de casa, dormem em lençóis floridos e são estimulados a descansar quanto quiserem. Não há estação de enfermagem, mas sim uma área de estudo onde os pacientes são encorajados a ler seus prontuários e fazer anotações. Tampouco há horário oficial de visita: amigos e familiares são bem-vindos em todos os momentos convenientes para o paciente. Os parentes podem cozinhar para seus entes queridos doentes na cozinha da unidade. Familiares que manifestam interesse podem ser treinados para servir como parceiros de assistência ativa. Na Planetree, tudo é organizado para a conveniência do doente. Como observou seu diretor: "Quando os pacientes experimentam o modelo Planetree, eles não aceitam ser internados em nenhum outro lugar."

Cuidado altruísta

Você é livre para mudar o mundo ao seu redor. Na *Bhagavad Gita*, ajudar os outros de maneira altruísta é chamado de caminho direto para

Deus. No início, sua atuação pode parecer apenas parcialmente altruísta. Não se preocupe. Mesmo bons trabalhos começam com motivações mistas. Você pode começar porque parece bom ou porque se espera isso de você, por culpa ou porque deseja algo em troca. Não importa. Aos poucos você vai descobrir que ajudar é como cuidar do próprio filho, do próprio corpo. Você não diz "Ahhh, acho que tenho que ajudar o meu tornozelo esquerdo" se ele estiver machucado. Ele faz parte de você e sua reação natural é cuidar. "O problema é que você define um círculo familiar muito pequeno", dizia Madre Teresa. Todo mundo é sua tia ou seu tio, sua sobrinha ou seu sobrinho, e quando eles precisam de ajuda você também precisa.

Às vezes você assume uma missão. Michael Meade, líder de banda, antropólogo e baterista, criou uma comunidade de tambores tradicionais para um grupo grande de meninos expatriados do Sudão que se instalaram em Seattle, nos Estados Unidos, por questões de segurança. Esses meninos fugiram de ataques militares rebeldes que destruíram suas vilas e mataram suas famílias. Passaram meses perambulando descalços no deserto, sobrevivendo a leões e a saqueadores. Estavam isolados em seu novo lar em Seattle, então Michael conseguiu os tambores e ajudou a criar, por toda a cidade, rituais de boas-vindas e de cura para os expatriados.

Todo mundo tem a capacidade de curar outras pessoas. Às vezes, a ajuda mais importante que você pode oferecer é sua presença. Laura, uma enfermeira neonatal, cuida dos bebês doentes mais frágeis, que são mantidos vivos por meio de agulhas e sondas, segurando cada um deles com as mãos, com os dedos, com sua respiração. Huston Smith, o grande professor de religiões do mundo, contou a imensa dor que sentiu quando sua neta morreu. "Muitas pessoas reagiram com gentileza", afirmou. "Mas, entre todos, o maior auxílio veio de meu vizinho, um jovem indígena americano, que me visitava todos os dias e se sentava ao meu lado em silêncio."

Quando compartilha o que ama, você se torna livre de maneiras totalmente novas. Os povos iroqueses tinham um ritual para ensinar isso a seus filhos pequenos. Eles faziam um grande círculo tribal, alimentavam bem uma criança e então, fora do círculo, uma voz clamava de modo melancólico: "Tenho fome, tenho fome." A criança que havia acabado de experimentar a abundância seria encorajada a seguir seu impulso natural e levar comida para o faminto. Então o ritual se repetiria com peles de cervo quentinhas e cobertores trançados, e, quando a criança estivesse confortável e aquecida, ouviria "Estou com frio, estou com frio" do lado de fora do círculo. E levaria cobertores para quem estava com frio.

Nos Estados Unidos, vivemos sob o mito da independência – sendo exemplos disso o colono e o caubói que fazem tudo sozinhos. Mas essas pessoas também foram acalentadas, alimentadas e cuidadas quando eram bebês. Foram ensinadas e educadas. Todas as suas ferramentas, as mercadorias e os remédios vinham dos outros. Por mais independente que você se sinta, é também interdependente.

Quanto mais livre você se torna, mais sente essa interdependência. Fica claro que não está apenas ajudando alguém e que o importante somos nós: nosso corpo, nossa família, nosso planeta. O que você quer oferecer? Qual é o talento que você está esperando para mostrar? O que seria necessário para exibir esse talento?

O mundo precisa de você

É fácil se sentir angustiado com os problemas globais. Mudanças climáticas. Crianças fugindo da violência na América Central. Guerra em todo o Oriente Médio. Fluxos de refugiados. Racismo. Reforma prisional. O movimento Black Lives Matter (Vidas negras importam). Desabrigados. Injustiça econômica. Impasse político.

Esses problemas fazem parte do tecido da raça humana neste momento, e as soluções estão dentro de você. Lembro-me de conversar com minha mãe sobre os problemas que a humanidade enfrenta nesta era. Ela me recordou que nasceu quando seu pai estava voltando da Primeira Guerra Mundial. Minha mãe viveu fases piores do que as do século XXI: a Grande Depressão, A Segunda Guerra Mundial. Ela me lembrou que a humanidade sobreviveu até mesmo a esses horrores. No momento certo, nós vamos encontrar a maneira de responder, de renovar.

Agora, nossa tarefa é renovar mais uma vez. É óbvio que não existe solução externa. Nenhuma tecnologia nova – computadores e internet, tecnologia espacial, nanotecnologia ou biotecnologia – interromperá a guerra contínua, o racismo e a destruição ambiental. Esse é um ponto crucial da nossa história. Os poderes da ciência e da tecnologia agora devem ser combinados com a evolução da humanidade. O líder do Estado-maior Conjunto dos Estados Unidos chamou os americanos de uma nação de gigantes nucleares com uma ética infantil. Mas esse não é o fim da história. Aprendemos que a empatia, a integridade e a sabedoria também podem se desenvolver. A pesquisa feita pelo professor de Harvard Stephen Pinker e detalhada no livro *Os anjos bons da nossa natureza* mostra como, aos trancos e barrancos, a violência global, na realidade, diminuiu nos últimos séculos. Com isso, a escravidão foi reduzida. Os direitos das mulheres e crianças estão comparativamente melhores do que em centenas de anos. Os direitos de gays e lésbicas, de refugiados e deficientes aumentaram. Não em todos os lugares, pois ainda existem muitas pessoas escravizadas, ameaçadas ou vivendo em extrema pobreza. Mas, coletivamente, precisamos resistir aos retrocessos e aceitar que estamos caminhando na direção certa.

A humanidade precisa avançar mais. É possível. Precisamos de um sistema educacional baseado em compaixão e compreensão mútua e de um profundo senso de interconexão. Precisamos de atenção plena e cuidados mútuos para guiar nossas comunidades, nossa medicina e nossa política. Precisamos de uma nova forma de abordar nossos problemas.

Meu colega Wes Nisker entrevistou o ganhador do Prêmio Pulitzer Gary Snyder. Aos 84 anos, Gary é um dos nossos maiores poetas e ambientalistas e escreve sobre o meio ambiente há mais de 50 anos. Wes perguntou a ele sobre problemas climáticos, aquecimento global, elevação do nível dos oceanos, desaparecimento de espécies. Gary deu alguns conselhos: "Não se sintam culpados", disse. "A culpa, a raiva e o medo são parte do problema. Se você quer salvar o mundo, salve-o porque você o ama!"

Os problemas do mundo precisam de seu amor. O amor é o único poder grande o suficiente para superar a ganância e a raiva, a violência e o medo. Esse é o amor que faz as mães levantarem carros para salvar seus filhos. Martin Luther King Jr. fez um apelo à nação para que encarnasse o poder do amor. À medida que você conquista maior sentido de liberdade interior, torna-se acessível ao mundo de uma maneira nova. Não como um ativista frustrado, assustado ou estressado, mas como dono de uma força própria. As liberdades interiores que você descobre – de amar, de criar, de despertar, de perdoar, de sonhar, de recomeçar – naturalmente dão origem a maior cuidado com a vida.

No zen, diz-se que há apenas duas coisas: você senta e você varre o jardim. Não importa o tamanho do jardim. Quando você aquieta a mente e escuta o coração, descobre que sua alma não ficará satisfeita a não ser que você também cuide do seu jardim. Escolha algo a que você dê importância. Pode ser local ou global: o combate ao racismo ou a luta contra as mudanças climáticas. Eduque-se, faça amizade com pessoas diferentes de você, participe do conselho da escola local, seja voluntário em um hospital, trabalhe por uma causa política ou ajude a escola a plantar uma horta. Diminua seu consumo de carbono. Acrescente sua voz e sua energia. Plante sementes para um futuro mais compassivo. Você não pode mudar tudo, mas sua liberdade lhe confere poderes para contribuir com o mundo e seu amor indica como fazer isso.

Sua própria carne deve ser um poema

Você não precisa começar com algo grandioso. William James escreveu: "Cansei dos grandes planos e das coisas importantes, das grandes instituições e dos grandes sucessos. Sou a favor das pequenas forças humanas, amorosas e invisíveis, que funcionam de indivíduo para indivíduo e que se infiltram pelas fendas do mundo como as raízes e as águas que escoam e que, se tiverem tempo, destruirão os monumentos mais impenetráveis do orgulho." Comece com um pequeno gesto. A Associated Press relatou uma doação para o fundo de assistência às vítimas do terremoto no Haiti em 2010: um envelope contendo 14 dólares e 64 cents em notas amassadas e moedas. A quantia foi enviada por moradores de um abrigo para sem-teto em Baltimore com um bilhete simples: "Estamos preocupados com nossos irmãos e irmãs desabrigados no Haiti."

Wangari Maathai começou plantando algumas árvores. Quando ela ganhou o Prêmio Nobel, seu grupo tinha plantado 50 milhões de mudas. Madre Teresa começou recolhendo um homem doente e miserável da rua. Faça um pouquinho por vez. Você pode começar passo a passo, experimentando.

Descubra novos gestos para melhorar a paleta da sua vida. Celie se aposentou como gerente de contas, mudou-se para o campo e passou a atuar em tempo integral em uma cooperativa de orgânicos em seu condado. Você pode comprar um veleiro e então, como meu irmão, ensinar deficientes a velejar. Ou dar aulas a imigrantes, ser treinador de futebol, se candidatar a um cargo político, viajar para o México, pedir desculpas aos filhos, viver de modo a nunca ter que se arrepender.

Quando você tem coragem de tomar uma atitude e permanece fiel a si mesmo, sua liberdade trará poder àqueles ao seu redor. O *Tao Te Ching* explica: "Quando você é fiel a si mesmo, você é fiel ao Tao. Você relembra a aqueles ao seu redor quem eles sempre foram." Os hindus chamam esta vida de dança cósmica, a *lila*. Dance a sua dança especial. Não se preocupe com o que esperam de você e não se reprima.

Quando você age com autenticidade, mesmo que pareça ser útil para os outros, também é importante para você. Quando perguntaram a Gandhi o que o motivou a se sacrificar e fazer tanto pela Índia, ele sorriu em resposta e explicou: "Não faço isso pela Índia, faço por mim mesmo." Paradoxalmente, quando você age com autenticidade e não se rende à agressão e ao medo, acaba servindo e inspirando os outros enquanto serve a si mesmo. Como a abelha que recolhe o mel e poliniza as flores do mundo sem prejudicar ninguém (embora, ao se sentir ameaçada, possa picar), percorra o mundo distribuindo bênçãos.

Walt Whitman incentivou a liberdade desta maneira:

É isto que você deve fazer: amar a terra e o sol e os animais, desdenhar das riquezas, dar esmolas a todos que pedirem, defender os dementes e os loucos, dedicar sua renda e seu trabalho aos outros, odiar os tira-

nos, não discutir sobre Deus, ter paciência e indulgência para com as pessoas, não tirar o chapéu para o que é conhecido ou desconhecido, nem para nenhum homem ou grupo de homens – siga livremente as pessoas poderosas e os analfabetos, os jovens e as mães de família –, rever tudo que lhe foi dito na escola ou na igreja ou em qualquer livro e desconsiderar tudo que insulte sua alma; e assim sua carne será um grande poema.

Prática
Coloque em prática seus talentos

Sente-se em silêncio por um tempo. Permita que seu corpo se acomode e sua mente se aquiete. Como todos os seres humanos, você tem pontos fortes, talentos e habilidades que traz para este mundo. Aceite o fato de que você é único, idiossincrático e singular. Como o menino que pode chamar o peixe, ou o jovem indígena que se sentou quieto ao lado do avô enlutado, você tem dons próprios. Reflita sobre as perguntas abaixo:

O que o faz se sentir mais vivo? O que você ama compartilhar?

O que o faz se sentir mais criativo?

Quando você se sente mais conectado consigo mesmo? Quando se sente mais conectado com os outros?

Com que você gostaria de deixar de se preocupar neste planeta?

Com que você mais gosta de trabalhar?

Com que gosta de brincar?

De que você gosta?

O que o deixa mais tranquilo?

O que os outros apreciam em você? Quais são suas paixões?

Em quais períodos você foi mais abençoado?

Você ama:

Tranquilidade? Zelo? Organização? Movimento? Conexão? Justiça social? Plantio? Solidão? Processo? Cura? Ouvir? Liderar? Finanças? Cozinhar? Comer? Dançar? Imaginar? Praticar esportes? Engenharia? Experimentar? Viajar? Arte? Crianças?

Se você tivesse que enumerar três pontos fortes seus, quais seriam eles? Como você pode desenvolver e manifestar esses dons?

Capítulo 13
Liberdade em tempos difíceis

Somente quando as pessoas decidiram que
queriam ser livres e agiram, houve mudança.
– Rosa Parks

Na vida de todo ser humano há elogio e culpa, perda e ganho, sucesso e fracasso, prazer e dor, luz e escuridão. Será que algum de nós não passou por tudo isso, inclusive as dificuldades, cada uma com sua função? Como disse o poeta, "aos poucos a escuridão pode treinar os seus olhos e o seu coração para encontrar a alma luminosa, o verdadeiro dom para navegar, escondido nesse canto da noite".

Nosso desafio

Pelo menos uma vez a cada geração a sociedade é abalada por revoluções, desencadeadas por assassinatos, guerras, turbulências políticas ou desafios econômicos e ambientais. Em tempos de incerteza, a liderança política pode agravar esses medos. Como H. L. Mencken nos relembrou, somos com frequência deliberadamente encorajados a ter medo. É natural sentir raiva ou temor. Quando essas convulsões acontecem, nos preocupamos com nosso futuro ou com o destino dos mais vulneráveis à nossa volta. Tememos um aumento das desigualdades, do racismo, da destruição ambiental, da homofobia, do sexismo ou de várias outras injustiças.

Porém esses mesmos desafios são as oportunidades que a humanidade precisa enfrentar para crescer. Como observou Ralph Waldo Emerson, "as pessoas querem estar acomodadas na vida, mas só enquanto não o estão é que há alguma esperança para elas".

Para encontrar a liberdade em meio a tempos difíceis precisamos começar conosco. Como gerenciamos nosso corpo? Se o sistema límbico é ativado nos modos lutar, fugir ou congelar, há risco de nos perdermos no medo de sobreviver. O cérebro reptiliano assume o controle. Ondas de preocupações inundam nossos pensamentos sobre o que virá a seguir. Na turbulência, essas ondas de angústia e temor podem fluir e refluir entre um grupo. Nós nos perguntamos: será que as coisas estão piorando ou apenas vindo à tona? Como reagir?

Pare. Sintonize o seu coração. É nele que residem o amor, a sabedoria, a beleza e a compaixão. Com atenção amorosa, perceba o que é mais importante para você. Sim, há pensamentos ansiosos, dor e trauma, mas não deixe que seu coração seja colonizado pelo medo. Leva tempo para acalmar a mente e cuidar do coração. Saia e olhe para o céu. Respire e abra-se para a vastidão do espaço. Sinta a mudança das estações, a ascensão e a queda das dinastias e eras. Expire e mantenha a consciência amorosa. Pratique o comedimento e a estabilidade. Aprenda com as árvores. Torne-se o ponto imóvel no centro de tudo.

Thich Nhat Hanh nos lembrou que em tempos incertos nossa estabilidade pode se tornar um santuário para os outros. "Quando a multidão de refugiados vietnamitas em barcos enfrentava tempestades ou piratas, bastava alguém entrar em pânico e tudo estaria perdido. Mas, se uma única pessoa a bordo permanecesse calma e centrada, todos compreendiam o caminho para a sobrevivência."

Há 2 mil anos, o rabino Tarfon disse: "Não se deixe intimidar pela enormidade da tristeza do mundo. Viva com justiça, amor misericordioso e caminhe com humildade. Não se espera que você termine o trabalho, mas também não está autorizado a abandoná-lo." Clarissa Pinkola Estés continuou a estender esse fio da meada: "Não é nossa tarefa consertar o mundo inteiro de uma só vez, mas nos esforçarmos para reparar a parte que está ao nosso alcance."

Juntos, vamos amarrar nossos sapatos e caminhar na direção da verdade.

Escute com o coração

Como, então, reagir quando estamos cercados pelo temor e pela raiva? A consciência amorosa convida a ouvir atentamente tudo que está presente, inclusive o medo e a dor. O padre Thomas Merton apontou o caminho: "De que serve viajar para a Lua se não podemos atravessar o abismo que nos separa de nós mesmos e uns dos outros?"

Primeiro, vire-se para si mesmo. Escute os medos que estão surgindo. Acolha tudo que estiver em seu coração, ouvindo a si mesmo com muita atenção. Tenha compaixão por tudo que surgir. Então, quando estiver pronto, escute da mesma forma os outros.

Minha querida esposa, Trudy Goodman, professora de meditação e uma inspiração para mim, trabalhou nos campos de refugiados de Darfur, na fronteira pelo lado do Chade, na África. Ela participou de um projeto fascinante chamado iAct, idealizado por amigos dela da comunidade Insight LA. Desde o início, o iAct agiu com sabedoria. Seus integrantes foram para os campos e perguntaram às mulheres o que elas queriam. Assistentes sociais em geral chegam com uma pauta pronta, mas o iAct entrou e ouviu. As mulheres com quem eles conversaram disseram que desejavam duas coisas: futebol, para seus filhos terem algo estimulante para fazer e para aprenderem, por meio do esporte, a ajudar uns aos outros; e pré-escola e um jardim de infância para que os pequeninos, muitos deles traumatizados, pudessem começar a aprender sobre si mesmos e o mundo. Como Trudy administrou no passado uma escola para crianças com dificuldades, ela ajudou a treinar as professoras de lá em atenção plena, desenvolvimento infantil saudável e na arte da inteligência emocional.

É bonito perguntar às pessoas de que elas precisam e então ouvir com profundo interesse. A partir dessa atitude consciente e inteligente, uma ação benéfica pode surgir.

Vinoba Bhave foi provavelmente o seguidor mais importante de Gandhi. Após a violenta partição da Índia e do Paquistão e o assassinato de Gandhi, Vinoba foi para um retiro. Passados alguns anos, os seguidores de Gandhi organizaram uma grande conferência para continuar seu trabalho e pediram a Vinoba que os liderasse. Ele se recusou. Os discípulos insistiram, até que ele, por fim, disse: "Aceitarei sob uma condição. Preciso caminhar até lá."

A caminhada durou seis meses, cruzando boa parte da Índia. Durante a jornada, ele parava em cada vila e se sentava com as pessoas sob a árvore grande que é o ponto de encontro em muitas comunidades indianas. Formava um círculo de escuta ao seu redor e perguntava: "Como é sua vida? O que está acontecendo com vocês como seres humanos?" Ouviu relatos de como os mais pobres, entre eles os membros da casta dos Intocáveis, eram, para todos os efeitos, meros escravos. Eles cultivavam a terra de outra pessoa por uma ninharia e não conseguiam ganhar o suficiente para criar e alimentar seus filhos.

Vinoba foi ficando cada vez mais inquieto. Certa manhã, reuniu um grupo de moradores e lhes disse: "Quando eu voltar a Délhi, me encontrarei com o primeiro-ministro Nehru e obterei lotes de terra do governo para que os que não têm terra possam plantar o próprio alimento." A comunidade ficou encantada, mas, quando Vinoba foi dormir naquela noite, estava abalado. Ele compreendeu que, quando o dinheiro do governo cumprisse todo o trâmite burocrático e chegasse até as mãos dos líderes estaduais, municipais e distritais, não sobraria muito para os pobres.

No dia seguinte, Vinoba convocou outra reunião. Pediu desculpas e demonstrou a preocupação de que seu plano não funcionasse. Ele estava inseguro sobre o que fazer em seguida. Depois de explicar o problema, um fazendeiro rico se levantou e disse: "Você chegou aqui trazendo o espírito de nosso amado Gandhi. De quanta terra você precisa?" Havia 16 famílias sem-terra e cada uma delas precisava de dois hectares para cultivar. Então o homem disse: "Em homenagem a Gandhi-ji, vou dar 32 hectares a essas famílias." Foi um lindo gesto.

Vinoba continuou sua caminhada até a próxima vila e ouviu as preocupações dos moradores, principalmente os problemas enfrentados pelos Intocáveis, os párias. Depois ele contou a história do que tinha acontecido na vila anterior. Sob o encantamento desse relato, outro idoso abastado se levantou e ofereceu 2 hectares a cada família pobre e sem-terra. Isso foi o início do que Vinoba chamou de Movimento Bhoodan de reforma agrária indiana. Em sua caminhada até a conferência, Vinoba coletou 809 hectares de terra. Depois, já na companhia de outras pessoas, continuou andando por mais de uma década. Ele cruzou todos os estados e províncias da Índia e inspirou os proprietários de terras, que doaram mais de 5,6 milhões de hectares para quem não tinha nada. Foi a maior transferência pacífica de terra na história, tudo porque ele sentou embaixo das árvores e ouviu as necessidades das pessoas.

Não são apenas as pessoas que precisam ser ouvidas. Quando minha filha estava na terceira série, ela me deu uma folha de papel escrita com sua letra de criança. "Papai, acho que você pode usar isto para sua aula." Era uma frase famosa do cacique Seattle: "O que é o homem sem os animais? Se todos os animais desaparecessem, os homens certamente morreriam de solidão. Qualquer coisa que aconteça com os animais também acontece com os homens."

Ouvir significa ouvir a vida, os animais, a Terra, para que possamos responder de maneira direta, corajosa e inteligente. Independentemente da opção.

Junte-se à rede de cuidados

Meu irmão gêmeo tem um câncer raro de sangue e está no meio de um tratamento difícil. Há meses venho visitando com ele hospitais e centros especializados em câncer. Nesses lugares, presencio um atendimento cuidadoso, dedicado e amoroso por parte de médicos, enfermeiras e toda a equipe. Às vezes eles têm sucesso, outras não, mas o atendimento é sempre maravilhoso. Sento ao lado de familiares de pacientes de todas as idades – irmãos e irmãs, mães e filhos. Há algo muito carinhoso nisso.

Quando estou lá, penso em todas as pessoas no mundo que estão cuidando de alguém doente. Vejo e sinto a força dessa rede mundial de cuidados. Em meio à doença e às dificuldades, o cuidado e o amor que as pessoas oferecem umas às outras são magníficos. Eles estão em toda parte.

Olhe nos olhos do outro, mesmo que seja de relance. Não precisa ser um olhar expressivo, curioso. Simplesmente olhe para alguém ao seu lado. Assim como você, e como todos nós, esse ser está passando por uma jornada de vida com suas alegrias e lutas. No fundo, ele também busca estar bem, ser feliz e amado.

Conforme você se aquieta e entra em sintonia com outra pessoa, começa a sentir um cuidado natural. George Washington Carver nos ensinou a iniciar esse cuidado: "O ponto até onde você vai chegar na vida dependerá de sua capacidade de ser gentil com o jovem, misericordioso com o idoso, solidário com o esforçado e tolerante com o fraco e com o forte, porque algum dia em sua vida você foi tudo isso."

Não afaste ninguém: o menos favorecido, o ferido, o zangado, o arrogante, o indefeso.

Basta um pouco de atenção e o desejo natural pelo bem-estar do outro surge no centro de seu coração: "Desejo-lhe bem. Rezo para que ele encontre a amizade, o amor e a compaixão diante das próprias dificuldades. Espero que ela se liberte da luta, que fique alegre e tranquila." O cuidado é inato em nós; só precisa de atenção. Quando você acalma sua mente e escuta, quando mergulha em seu coração, você se conecta com a essência das coisas. E levar seu cuidado ao mundo é a mágica que muda tudo.

Abençoada inquietação

O empreendedor Paul Hawken passou uma década estudando organizações que trabalham pelo bem-estar da humanidade e por justiça ambiental. De organizações não governamentais de bilhões de dólares a iniciativas de uma pessoa só ou de fundo de quintal, ele descobriu milhões de indivíduos e grupos realizando trabalhos importantes. Essas pessoas compõem coletivamente um movimento grande que não tem nome, líder ou sede. Como na natureza, esse organismo está se desenvolvendo de baixo para cima como uma expressão criativa e extraordinária de necessidades e soluções. O livro de Hawken *Blessed Unrest* (Abençoada inquietação) explora o brilhantismo desse movimento, suas estratégias inovadoras e seus avanços pouco divulgados. Esses vizinhos e amigos, grupos de apoio e de professores realizam 1 milhão de atos de bondade. Somos aqueles que estávamos esperando, e somos o suficiente para inspirar todos aqueles que se desesperam. O gênio coletivo da humanidade nos envolve. Nos momentos mais difíceis, o copo pode parecer vazio, mas essas forças de genialidade e bondade nos instigam a imaginar novamente um futuro que possa ser celebrado.

Em 2016, Sua Santidade o Dalai Lama e o arcebispo Desmond Tutu, velhos amigos e ambos com mais de 80 anos, passaram uma semana juntos conversando sobre a felicidade. Nesse período, tiveram que responder a uma pergunta profundamente pessoal: como conseguiam rir e continuar esperançosos mesmo diante das dificuldades do mundo? Tutu passou pelos horrores do apartheid; foram anos de opressão em que muitas pessoas próximas dele foram baleadas e assassinadas por causa da cor da pele. O Dalai Lama continua a ouvir histórias terríveis de tibetanos que foram presos e torturados e, ainda assim, cruzam descalços o Himalaia para vê-lo. Apesar das tragédias, esses dois idosos não perderam a capacidade de sentir alegria, mesmo em meio ao sofrimento.

O que os faz felizes são as práticas de gratidão, perdão, generosidade, humor e compaixão. Acima de tudo, é o cuidado com os outros que os mantém gratos. A despeito da circunstância, ser capaz de servir e ajudar pessoas em dificuldade traz enorme satisfação e a forma mais profunda de felicidade.

O Dalai Lama e o arcebispo Tutu também mantêm uma perspectiva lúdica. Ao conversar sobre a morte e o morrer, o Dalai Lama disse a Tutu:

– Imagino que você vai para o céu.

O arcebispo indagou:

– E você?

Sua Santidade respondeu:

– Humm. Talvez para o inferno.

Tutu disse:

– Achei que os budistas acreditavam em reencarnação.

Após uma pausa, ele acrescentou:

– Ouvi falar que o governo chinês está escolhendo a sua próxima reencarnação, então é melhor tratá-los bem.

Os dois riram juntos e continuaram a zombar um do outro.

Depois de um diálogo especialmente expansivo, o arcebispo Tutu advertiu o Dalai Lama com fina ironia:

– Veja, as câmeras estão voltadas para você, pare de se comportar como um rapazinho atrevido. Tente agir como um homem santo.

Eles riram mais um pouco.

Não importa o assunto, os dois demonstram um senso de forte celebração da vida que receberam e da beleza e da grandeza da existência como ela é.

Quando perguntado sobre a própria reencarnação, o Dalai Lama muitas vezes diz que ela é incerta. Meu professor Ajahn Chah costumava dizer a mesma coisa. Quando as pessoas lhe faziam perguntas sérias, ele simplesmente ria e dizia: "Isso é incerto, não é?"

– Como podemos ter certeza de quais são os melhores ensinamentos? O que devo fazer com a minha vida?

– Ela é incerta, não é?

– E sobre a iluminação?

– Ela também é incerta, não é?

– Você deveria ser iluminado.

– Isso é incerto, não é?

Isso é chamado de sabedoria da incerteza. Para se tornar sábio, você deve ficar confortável com o não saber.

Em tempos incertos, precisamos prestar atenção e responder, mas não temos como saber quanto tempo levará até que nossas ações frutifiquem. Gandhi explicou: "Você precisa fazer a coisa certa. Nunca se sabe quais resultados virão de sua ação. Mas, se você não fizer nada, não haverá resultado." Defenda a justiça, corrija as divisões, cure a ferida, cuide do vulnerável, comemore a possibilidade humana. Plante as sementes de longo prazo e confie na visão de Martin Luther King sobre o topo da montanha: "O arco moral do Universo pode ser longo, mas ele se curva diante da justiça."

Saiba que em meio a tudo isso há outro tipo de certeza. Quando minha filha era pequena, eu a levei ao vale de Yosemite. Ela se abaixou, pegou uma pedra colorida e ficou encantada. "Não é bonita, papai?" Não precisou olhar as cascatas espetaculares e os despenhadeiros de 900 metros; para ela, tudo era o Yosemite. Nós certamente guardamos dentro de nós esse mesmo sentimento de admiração e prazer – não importa diante de quê.

Lidere com humanidade

"Ó, nobre senhor", assim começam os textos budistas, "lembre-se de sua natureza budista. Lembre-se da Dignidade fundamental que nasceu com você." É possível ouvir essa dignidade nesta história contada por Lenore Pimental na revista *Sun*:

O homem tinha a minha idade, mas parecia muito mais velho. Era veterano de guerra e também sem-teto; sentia frio e estava faminto. Dava para perceber que ele tentou se lavar antes de vir para o departamento de serviço social pedir ajuda. Seu rosto e suas mãos estavam limpos, mas suas roupas eram imundas. Apesar de ele alegar não ter bebido uma gota naquele dia, o cheiro de álcool exalava de seus poros. Eu queria levá-lo para um centro de reabilitação e perguntei se estava pronto para sair das ruas. "Não, senhora", disse ele. "Tudo que quero são alguns dólares e umas passagens de ônibus. Se eu estiver suficientemente sóbrio, eles me deixam entrar no abrigo do outro lado da cidade." Esse abrigo tinha 50 camas – catres, na verdade. Os desabrigados eram acolhidos à noite e forçados a sair ao amanhecer para tomarem café da manhã em uma instituição de caridade próxima. Cinquenta camas e quase mil desabrigados nessa parte da cidade.

Os invernos no norte da Califórnia são frios, chuvosos e lamacentos. Apesar de esse homem, e muitos como ele, dormir embaixo de pontes para se manter seco, a umidade penetra em tudo. As roupas dele e o colchonete que colocou no chão cheiravam a mofo. As páginas de um livro que carregava estavam estufadas. Perguntei a ele quantas vezes tinha tentado se livrar do alcoolismo. "Duas ou três, há muito tempo", o homem respondeu. "Talvez seja o momento de tentar de novo." Expliquei que tive um paciente que fez o programa sete vezes antes de dar certo. "Além disso, ainda faltam muitos meses para o tempo ficar mais quente", falei. "O que mais você tem para fazer?"

Observei o rosto do homem enquanto ele pensava na minha proposta. Achei ter visto uma ponta de esperança nos olhos dele, seguida por uma sombra de dúvida. Ele já tinha tentado. Foi difícil, quase impossível, e por isso vivia nas ruas. Por fim, ele levantou a cabeça e olhou para mim. Peguei o telefone. "Posso?", perguntei. Ele mal confirmou com a cabeça. Uma hora depois eu o apresentei a um alcoólatra em recuperação, também veterano de guerra, que o levou a uma das melhores instalações de reabilitação daquela área. "Venha me visitar quando você se formar", eu disse quando eles saíram. Seis meses mais tarde, mal reconheci o homem alto e bonito como um modelo que entrou em meu escritório segurando um imenso buquê de flores.

Isso é possível. Está em nós. Existe algo lindo esperando para ser acionado em todos que estão à nossa volta.

Esteja preparado para responder, não para reagir. Reagir é natural, porém uma força mais profunda surge de nossa capacidade de ouvir atentamente o que é necessário, mesmo em meio à incerteza. Com humildade, podemos reconhecer o que ainda não sabemos. Não sabemos o que vai acontecer na política. Não sabemos o que vai acontecer no mundo. Temos de buscar possibilidades e escutar profundamente.

O *Tao Te Ching* pergunta: "Você consegue se aquietar e não fazer nada até que a ação correta surja por si só?" Você consegue deixar a mente e o coração se agitarem como marolas até que as coisas estejam claras e você saiba como agir de acordo com o Tao? É preciso confiar no mistério e nos ciclos históricos para liderar com amor.

Quando perguntaram ao arcebispo Tutu e ao Dalai Lama "O que vocês fazem nos momentos de desespero?", eles responderam: "Mostramos nossa humanidade."

Estratégico e forte

Estamos em meio a algo maior do que qualquer dinâmica social e política atual. Estamos em meio à evolução da humanidade. E cada pessoa tem um papel a desempenhar nesse processo.

Um antigo ditado diz que os seres humanos são o contrapeso do mundo. Nos tempos antigos, mercadorias eram pesadas em uma balança com dois pratos. Num deles colocava-se o objeto a ser pesado. No outro, vários pesos de metal. Os pesos mais lindos tinham o formato de animais, como tartarugas e coelhos. O mundo é como essa balança, equilibrando o nascimento e a morte, a alegria e a tristeza, o bem e o mal. Em nossa época, nós, humanos, somos os contrapesos, os últimos pesinhos a serem colocados na balança. Dependendo do lado em que situamos nossas ações, desequilibramos a balança.

Como diz o *Tao Te Ching*, fique imóvel até o momento da ação correta. Aja de maneira estratégica. Transforme-se numa zona de paz. Com a coragem de ser fiel ao seu coração, você então poderá agir.

Lembre-se de que a mudança sempre começa com um pequeno número de pessoas. Em 1787, Thomas Clarkson e outros 11 homens iniciaram uma campanha que durou 30 anos e finalmente forçou o Parlamento inglês a banir a escravidão. Em 1848, Elizabeth Cady Stanton e outras quatro mulheres reuniram-se em Nova York para lançar o movimento sufragista que durou 70 anos e levou à conquista do direito feminino ao voto. Quando você é forte por si mesmo, pode agir com coragem, dedicação e objetividade. Com estratégia, une-se aos outros, escolhe os problemas mais importantes e apresenta a solução mais criativa.

Você sabe o que é necessário. A nação mais poderosa da Terra deve fomentar uma visão de paz e de cooperação, não distribuir armas de guerra. A nação mais rica da Terra deve oferecer cuidados de saúde para suas crianças, suas famílias. A nação mais produtiva da Terra deve combinar comércio com justiça, desenvolvimento sustentável e proteção do meio ambiente.

Você pode contribuir com sua emoção, sua voz e seu espírito. Aja de maneira estratégica e forte. Lembre-se de como Barbara Widener começou o movimento Avós para a Paz. Às vezes basta um pouquinho de consciência amorosa no momento certo. Você pode fazer isso.

Você sabe a direção certa.

"Os outros serão cruéis", disse o Buda. "Nós não seremos cruéis. Assim instruiremos nossos corações.

"Os outros matarão ou prejudicarão seres vivos. Nós não mataremos nem prejudicaremos seres vivos. Assim instruiremos nossos corações.

"Os outros serão gananciosos. Nós seremos generosos. Assim instruiremos nossos corações.

"Os outros agirão com falsidade ou com más intenções. Nós falaremos com honestidade e gentileza. Assim instruiremos nossos corações.

"Os outros serão invejosos. Nós não seremos invejosos. Assim instruiremos nossos corações.

"Os outros serão arrogantes. Nós seremos humildes. Assim instruiremos nossos corações.

"Os outros serão negligentes. Nós construiremos uma presença atenta. Assim instruiremos nossos corações.

"Os outros não terão sabedoria e bondade. Nós cultivaremos a sabedoria e a bondade. Assim instruiremos nossos corações."

Sua presença é uma expressão da sabedoria que existe em você. Por meio da serenidade, da compaixão e de valores fortes você se torna um bodhisattva – um ser dedicado à compaixão acima de tudo. Você pode defender o meio ambiente, os imigrantes ou o que quer que esteja à sua frente e necessite de cuidado e atenção. Se as pessoas estão famintas, você as alimenta. Se alguém está ferido, você apresenta a cura possível. Você defende os pobres e os vulneráveis e faz isso não porque é o que se espera, ou porque você é especial, mas sim porque, como disse o Dalai Lama, "a única coisa que traz alegria na vida é servir".

Não balance a cabeça nem franza a testa ao ler o noticiário. Não se deixe enganar acreditando que não é possível mudar as coisas. Como disse Thomas Jefferson, "uma pessoa com coragem é uma maioria". Você pode fazer diferença.

E lembre-se: uma pessoa com coragem não precisa de armas, mas pode precisar de fiança.

Trudy me contou que a saudação nos campos de refugiados de Darfur é: "Como está a sua família?" Acontece que sua família é a humanidade e todos os animais e seres na Terra. Sua família inclui ambientalistas, libertários, democratas, republicanos e tudo que houver entre eles. Inclua todos em seu coração.

Viva com gratidão. Os tempos pedem uma mudança de consciência – uma alteração da consciência egoísta e temida de nós contra eles rumo à consciência de conexão e interdependência. Você já é parte dessa mudança. Agora cada um de nós, à sua maneira, está convidado a encontrar a liberdade de espírito, não importa o que aconteça, e a levar beleza para o mundo conturbado.

Quando Leonard Cohen canta de forma tão emocionada como as coisas deram errado, de seus lábios ainda saem os versos da canção "Hallelujah".

Lembre-se de sua voz grave e de seu amor. Mantenha seu coração forte.

Ofereça ao mundo a beleza que existe dentro de você.

Você treinou para isso

Nos últimos anos do governo de Barack Obama, fui convidado a falar no primeiro Encontro de Lideranças Budistas na Casa Branca. Mais de 100 líderes de comunidades budistas dos Estados Unidos se uniram e descreveram como suas práticas interiores estavam ligadas a um compromisso com a comunidade para o bem-estar de todos. Essas práticas incluíam cuidados com o meio ambiente, com refugiados e com projetos prisionais, atendimento aos desabrigados, trabalho pela paz mundial, alimento para os famintos, a construção de uma ponte entre as fés, o apoio a crianças e mulheres vulneráveis e projetos de combate à discriminação e de apoio à justiça para todos.

No resumo que fiz ao encerrar o encontro, expliquei que Buda aconselhou reis e ministros e orientou os líderes da sociedade em que vivia com ensinamentos de paz e respeito. A seguir, um registro dos ensinamentos de Buda para as lideranças que li naquela ocasião:

Desde que a comunidade realize assembleias regulares e frequentes, em harmonia e respeito mútuo, a expectativa é de que ela prospere e não entre em declínio.

Desde que a comunidade aja com sabedoria e respeito, a expectativa é de que ela prospere e não entre em declínio.

Desde que a comunidade proteja os vulneráveis, a expectativa é de que ela prospere e não entre em declínio.

Desde que a comunidade se preocupe com os lugares sagrados do mundo natural, a expectativa é de que ela prospere e não entre em declínio.

– extraído de Os últimos ensinamentos do Buda

Esses sábios ensinamentos são encontrados em outras tradições. Porém o mais poderoso sobre esses ensinamentos budistas é que eles são ensinados em conjunto com práticas que nos mostram como cultivá-los e incorporá-los. Como os próprios seres humanos podem de fato treinar a agir com compaixão, atenção plena, respeito pelos outros, empatia e equilíbrio interior. A neurociência moderna reafirmou que quando o treinamento em compaixão, o aprendizado social e emocional, a atenção sábia e a autorregulação estão incluídos na educação infantil, na saúde e nos negócios, eles beneficiam os indivíduos e quem estiver ao seu redor. A qualidade do trabalho acadêmico, da saúde, da produtividade e do cuidado com o outro melhora. A compaixão, a atenção plena e o respeito mútuo são a base para a criação de uma sociedade sábia.

A prática espiritual não é um processo passivo. Buda interveio para tentar deter guerras. Ele tentou instaurar a paz nas famílias e nas comunidades. Ofereceu conselhos econômicos para um rei cujo povo estava experimentando a anarquia e a desordem civil. Em vez de aumentar os impostos e reprimir a desordem pela força, o rei foi encorajado a fornecer sementes, capital e apoio aos fazendeiros e empresários, bem como salários justos à comunidade. Quando a prosperidade geral aumentou, o país tornou-se seguro. Ele continuou: "Pessoas seguras se sentam com crianças no colo e vivem com as portas abertas."

Buda ensinou que a ganância, o ódio e a ignorância são as causas do sofrimento. Ele mostrou formas de desenvolver seus opostos: amor, transparência, sabedoria, honestidade, generosidade e gratidão.

Nos tempos atuais, os líderes budistas têm feito o mesmo. Maha Ghosananda, do Camboja, se uniu ao processo de paz das Nações Unidas e liderou durante anos caminhadas pela paz nas zonas de guerra e nos campos da morte do Camboja. Os monges tailandeses vestiram seus mantos e ordenaram as árvores guardiãs das florestas para proteger os ecossistemas da exploração madeireira. Os monges e as monjas de Myanmar fizeram passeatas para proteger os cidadãos contra a rígida ditadura militar. A. T. Ariyaratne, do Sri Lanka, recrutou centenas de milhares de pessoas em um plano de paz de 500 anos. Vietnamitas, chineses e tibetanos monásticos se posicionaram a favor da paz, da justiça e da compaixão, alguns até mesmo se imolando para acabar com as ações prejudiciais dos governos.

Gandhi explicou: "Quem diz que a espiritualidade não tem nada a ver com política não sabe o que espiritualidade realmente significa." Não se trata de tomar partido, e sim de defender os princípios humanos básicos – ação moral e prevenção de danos. Trata-se da representação da consciência amorosa em meio aos problemas do mundo.

Seja qual for a sua perspectiva, agora é a hora de defender o que interessa – colocar-se contra o ódio, a favor do respeito, da proteção dos vulneráveis e do mundo natural. A meditação e a contemplação, por si mesmas, não são a realização do caminho da liberdade.

A consciência amorosa é *relacional*, construída sobre a generosidade, a virtude e a bondade amorosa. O caminho para a felicidade humana e para a libertação exige intenções livres da ganância, do ódio e da crueldade. Um discurso que seja verdadeiro e útil, nem duro nem em vão, nem ofensivo nem agressivo; e ações que não causem danos, não matem, não roubem nem promovam a exploração sexual.

Você nunca está sozinho. Tem o apoio de gerações de antepassados. Tem o benefício da interdependência e da comunidade. Os animais da floresta são seus aliados constantes. A mudança das estações do ano e a renovação da vida são a música que acompanha sua dança da vida. Você tem o imenso vazio do céu olhando por todas as coisas com delicadeza. Com tranquilidade e respeito mútuo, você e sua comunidade podem se tornar polos de visão e de proteção.

Você treinou para este momento por muito tempo, talvez a vida inteira. Aprendeu a aquietar sua mente e a abrir seu coração. Aprendeu sobre o amor e a interdependência. Agora é o tempo de dar um passo adiante e oferecer ao mundo sua equanimidade, coragem, sabedoria e compaixão. Seja o bodhisattva, o ser de paz que busca aliviar o sofrimento em meio a cada situação caótica imaginável. Quando surgem tempestades de medo e incerteza, está na hora de se levantar – individual e coletivamente – com calma, clareza, tranquilidade e um respeito mútuo inabalável, e se tornar um polo de visão e proteção.

A proteção assume muitas formas. Pode ser um refúgio para quem corre perigo. Pode ser o confronto inteligente com aqueles cujas ações prejudicam os mais vulneráveis entre nós. Pode ser a defesa do meio ambiente. Tornar-se um aliado ativo de quem é alvo de ódio e preconceito. Proteção significa conduzir a luz da consciência amorosa e defender a verdade – a despeito de tudo.

Lembre-se deste ensinamento atemporal: o ódio nunca se cura com o ódio, mas sim com o amor. Generosidade, amor e sabedoria trazem felicidade. Pratique-as. Adote-as. Plante as sementes da bondade e do bem-estar para tudo que vai florescer.

Chegou o momento de mudar. Precisamos escutar com atenção, prestar nosso testemunho, aceitar a todos e escolher nossas ações com sabedoria e coragem. Não se preocupe se a ação correta ainda não estiver clara para você. Espere no desconhecido com atenção plena e coração aberto, e logo o momento certo virá e você saberá se levantar.

Eu me encontrarei com você lá.

Prática

Levante-se

Tente esta reflexão simples:

Imagine que você poderia olhar em retrospectiva para este ano quando estivesse no final de sua vida.

Agora imagine, entre todas as demandas de sua vida, que você escolheu defender uma causa, algo com que você realmente se preocupa.

Pode ser uma causa global ou local. Mudança climática, fome, refugiados, crianças, justiça ou qualquer outra coisa que seja importante para você.

Imagine como você se sentirá no final de seus dias tendo defendido essa causa, colocado esse contrapeso na balança da Terra.

Agora imagine o primeiro passo: o que você visualizou, com quem entrou em contato, como começou.

Então imagine como você pode começar nas próximas semanas.

Agora, assuma sua causa e aja.

Capítulo 14

Vivendo no mistério

*Deus criou tudo a partir do nada,
mas o nada se deixa entrever.*
– PAUL VALÉRY

O mistério não está longe. Uma criança pode segurar uma única noz na qual repousam mil futuras florestas de carvalho. Em cada célula da noz há uma cadeia retorcida de DNA que guarda a história das árvores decíduas e de sua evolução desde as primeiras formas de vida.

Olhe com atenção para a palma de sua mão e você poderá ver os resquícios da vida dos primatas e o futuro da humanidade.

Nesta terra azul-esverdeada, as plantas transformam milagrosamente a luz em glicose. Seu intestino hospeda 100 trilhões de micróbios, que colaboram com as suas células para mantê-lo nutrido sem que você precise tomar conhecimento disso. Enquanto isso, seu cérebro complexo de 1,3 quilo, ocupado neste momento em decifrar estas palavras, tem zilhões de padrões de disparos neuronais, mais do que o número de estrelas no Universo conhecido.

Olhe nos olhos do outro. De onde vem esta vida humana? O que acontecerá amanhã? O que é a consciência? A gravidade? O amor? A morte? Nós vivemos em meio ao mistério o tempo todo.

Não muito distante

Nossa capacidade de conhecimento é, acima de tudo, um mistério. Dependemos de nossos sentidos, de nosso raciocínio e de nossas percepções. Mas há muitas formas de conhecimento além dessas.

Lynne Twist descreveu a visita que fez às mulheres senegalesas de uma comunidade desesperada e castigada pela seca. Essas mulheres sonharam com o local exato onde, se escavassem, poderiam encontrar água sob o escaldante deserto do Saara. Após um ano de trabalho poeirento, ao som de tambores e canções, a água jorrou livremente. Como elas sabiam?

Elizabeth Mayer, uma cientista de Berkeley, foi pressionada por sua mãe a ligar para um rabdólogo do Arkansas que saberia o paradeiro de uma valiosa harpa que fora roubada. Procurado, o homem apontou para um quarteirão em Oakland. Ela encontrou a harpa lá e transformou o ceticismo inicial em um livro, *Conhecimento extraordinário*.

Nossa interconexão se estende pelo tempo e o espaço. Li que a probabilidade de que a sua próxima respiração contenha pelo menos uma molécula do último sopro de vida de Júlio César é de 99%. A princípio duvidei, mas então calculei usando o número de Avogadro de 10^{23} moléculas por mol e do 10^{22} litros em nossa atmosfera. É verdade. Você respira com Júlio Cesar.

O mistério me levou de uma faculdade de primeira linha para um remoto mosteiro na floresta de Thai-Lao. Quando me ordenei como monge de cabeça raspada, recolhendo alimento com uma tigela de esmolas, tudo parecia familiar, como se eu tivesse feito isso muitas vezes. Depois, em meditação profunda, resgatei memórias de ter sido um monge pobre séculos antes na China. Quem sabe? Pode ser verdade. Eu costumava achar que a ciência explica tudo. Mas ela não explica a consciência, nem o nascimento, nem a morte.

Ainda assim, quando conheci Ajahn Chah em 1967, disse a ele que não acreditava em vidas passadas ou futuras. Expliquei que vinha de uma família de cientistas. Ele riu e disse: "Não precisa acreditar. O nascimento e a morte acontecem a cada momento. Preste atenção nisso e você aprenderá tudo que precisa sobre o sofrimento e sobre como se livrar dele." Nesses 50 anos desde então, eu mudei. Eu não acreditava em nada. Agora, depois de uma vida inteira de experiências, basicamente acredito em tudo.

O mistério da vida

Eu poderia contar centenas de histórias. A amada esposa de meu irmão mais novo, Esta, estava fraca, nos últimos estágios do câncer, e certa manhã me levantei cedo para vê-la. Tinha passado muitos dias com ela e sabia que sua hora estava próxima. Dirigi rápido pela estrada e fiz uma parada ligeira numa farmácia no caminho. Quando estava na caixa, meu corpo amoleceu e a pressa desapareceu. Eu soube que ela tinha morrido. Liguei para meu irmão Kenneth e ele confirmou: Esta tinha morrido em paz alguns minutos antes.

De modo semelhante, um amigo meditando em Myanmar teve uma visão da morte inesperada de seu pai. Ele ligou para casa e seu pai tinha morrido exatamente como ele havia visto. Todos nós ouvimos histórias como essas. Elas são verdadeiras. A consciência não se limita ao seu corpo.

Minha primeira experiência extracorpórea aconteceu durante um ano de retiro silencioso em um treinamento bastante rígido que fiz em um mosteiro. Fui instruído a meditar 18 horas por dia, sentado e caminhando. Como jovem ardente, eu me dediquei àquilo. Um dia, meu corpo estava exausto, então deitei no chão duro de madeira da minha cabana (*kuti*) para tirar uma soneca. Após 20 minutos eu me levantei e comecei a meditar caminhando devagar na direção do lado mais distante do cômodo. Olhei pela janela para os outros monges no jardim distante. Quando me virei, alguém estava deitado no meu lugar no outro lado do *kuti*. Surpreso, vi que era o meu próprio corpo exausto. Meu espírito estava determinado a se levantar apesar da exaustão. Quando me aproximei de meu corpo, olhei para baixo, penetrei nele e despertei no chão. Depois experimentei com regularidade sair do meu corpo e muito mais – dissolvi meu corpo na luz, entrei no vácuo silencioso e no amor sem fronteiras; lições que me permitiram ver como a eternidade, a liberdade e a perfeição sempre existiram aqui e agora.

Depois de anos meditando com moribundos, muitos dos quais descrevem entrar e sair da luz à medida que se aproximam da morte, passei a acreditar na realidade da consciência além do corpo. Quando testemunho o misterioso e sagrado momento da consciência deixando o corpo, percebo que o que ficou para trás é apenas o invólucro de carne. Eu me lembrei de outras vidas em minhas meditações. Graças a elas, tenho orientado pessoas de vários países ao redor do mundo em regressões a vidas passadas. Curiosamente, acreditem ou não em reencarnação, muitas se lembram de estar em famílias, cidades e fazendas em culturas passadas, e veem e aprendem com essas imagens de outras vidas. Quando se permitem reviver a forma como morreram, essas pessoas também sentem seu espírito deixando seus corpos, entrando em mundos de luz e de escuridão luminosa até surgir o impulso para voltar novamente ao útero. Você não precisa acreditar em nada disso. Apenas mantenha a mente aberta.

Quem é você? Como entrou em um corpo estranho, com globos oculares, cabeças do fêmur e mamilos, tufos de pelos em alguns lugares e uma abertura no alto por onde enfia todos os dias plantas e animais mortos, tritura tudo e engole por um tubo? Onde o seu caminhar se dá na ponta dos pés em uma direção, equilibrando-se e caindo na outra direção, e você cria cópias de si mesmo inserindo ou recebendo um tubo que contém milhões de microscópicos girinos pegajosos. Dê uma olhada mais atenta ao vestígio de rabo que é parte do nosso corpo e às unhas, resquícios de garras ancestrais. A vida é selvagem.

Proponho uma maneira poderosa e simples de entender. Olhe-se no espelho. Você verá que seu corpo envelheceu. Mas, de modo curioso, também perceberá que não se sente necessariamente velho. Isso acontece porque seu corpo existe no tempo. Ele começa pequeno, cresce, envelhece e morre. Mas a consciência de olhar para o próprio corpo está fora do tempo. Ela é o espírito que nasce, que vive a sua vida e presenciará sua morte, talvez até dizendo no fim: "Uau! Foi uma jornada incrível!" Você é a consciência amorosa testemunhando a dança do nascimento e da morte.

No fundo, você sabe que isso é verdade. Em *A cor púrpura*, Alice Walker descreveu esse processo da seguinte forma: "Um dia, quando eu estava sentada lá como uma criança órfã de mãe (o que de fato eu era), veio a sensação de ser uma parte do todo, não separada de todas as coisas: eu sabia que, se cortasse uma árvore, meu braço sangraria. Eu ri e chorei e corri pela casa. Eu simplesmente sabia o que era. Quando algo assim acontece, você não pode perder."

A Terra está inspirando você

Você está encarnado conscientemente em um corpo humano, mas não limitado a ele. A consciência é o espaço livre do saber, tão vasto quanto o céu aberto. Confie na percepção, na consciência amorosa. Deixe que a imensidão seja a sua casa.

Muitas vezes você se lembra da imensidão com relutância. Você começa a dança e se torna a música, ou caminha nas montanhas ou contempla os olhos de seu amado e o tempo e o espaço se dissolvem em eternidade. Você se deita na proa de um barco a vela dissolvendo-se no borrifo d'água, ou abre-se para o infinito na meditação. Quando você está muito atento, se olhar com cuidado, pode ver através do véu do isolamento. Pode identificar a natureza efêmera da sua personalidade, os hábitos do ego pequeno e reconhecer que, quando você se sente à parte, sua mente fica isolada, sua compreensão, incompleta. O ego pequeno se sente separado, inseguro, insatisfeito e assustado com o rio da vida em constante transformação. Mas a atenção mais profunda mostra que você é vida, é o rio, e que sua consciência sempre presente nunca se perderá.

Você é a consciência testemunhando tudo isso, a consciência amorosa e o mistério do qual ela nasceu. Faça algumas respirações profundas. Então deixe sua respiração voltar ao ritmo natural. Sinta como a vida está energizando você, convidando-o à liberdade e à eternidade, aqui e agora. Mesmo essas palavras de liberdade e mistério, como se você estivesse olhando para um cardápio, não conseguem satisfazer a sua fome mais profunda. Em vez disso, sinta esse sopro milagroso, o pulso vital do momento. Como lembra o premiado poeta americano W. S. Merwin, a respiração nos energiza, conduzindo-nos pelo rio de nossa vida.

É profundamente revigorante ir além de si mesmo. Comece deixando que a vida se desenrole de modo natural; diminua o ritmo, relaxe.

Dóris tinha 50 anos, três filhos adolescentes e uma carreira de designer florescendo, mas era assolada pela ansiedade. "Eu me preocupava demais, era muito indecisa e apavorada, e, quando aprendi sobre a atenção plena, isso fez muito sentido. Então fui para um retiro. O silêncio e a paz eram deliciosos; não havia decisões a tomar, bastava estar presente e ser amável comigo mesma. O primeiro resultado foi uma mudança sutil na percepção de quem sou. Pratiquei uma aceitação tranquila dos aspectos de mim mesma que eu rejeitava e naquele momento estava grata em conhecer. Percebi que meu coração tinha se atrofiado e que eu guardava muito medo e dor dentro de mim, o que me impedia de amar a mim mesma e os outros. Essa abertura tranquila me deixou menos presa no sofrimento. Comecei a confiar em mim mesma como ser humano falível, porém muito mais do que isso. Então aconteceu o que chamei de 'milagre'. Eu estava andando devagar, concentrada, em silêncio e, de repente, desapareci. Eu não estava ali, havia apenas a vastidão silenciosa e o vento. Foi um momento de liberdade alegre e surpreendente. Hoje sei que sou muito maior do que meus medos. Há dias em que ainda consigo sentir a dança do infinito; em outros, ainda estou em pé na margem. Mas tudo que tenho que fazer é abrir meus braços e continuar a viver, e estou livre outra vez."

Você não precisa ter medo de se abrir. Quando você se liberta da noção de si mesmo, está completamente seguro. Seu corpo, sua personalidade e sua inteligência ainda estão aqui. Eles são como animais de estimação – você pode alimentá-los, cuidar deles e ainda desfrutar de suas peculiaridades, mas não são "você". São o seu guarda-roupa. Seu espírito livre está além de tudo isso.

Além da história e do ego

Quando você define a si mesmo por sua história e por sua autoimagem, você se perde. Acredita nas histórias que conta sobre si mesmo, sobre o seu corpo, sua família, seus traumas e dramas, seus fracassos e suas realizações. É possível dar um passo além de sua história. A realidade é maior do que isso. Você é mais do que as histórias, os pensamentos e medos de um ego pequeno. Família, nacionalidade, raça, educação e orientação – nada disso o define de maneira integral. Você pode aceitar essas características, mas não está limitado a elas.

A sociedade gosta de nos colocar em caixas, mas não somos estereótipos. Não existe pessoa branca, amarela, preta, vermelha ou marrom, muito menos gay ou heterossexual. Somos indivíduos únicos, com sonhos e idiossincrasias, cujas vidas são muito maiores do que podem parecer aos olhos dos outros. Ao longo da existência, você é convocado a assumir muitos papéis, mas não precisa se identificar com eles. Pode fazer a sua parte com o estilo mítico de um guerreiro ou como um irresponsável, pode agir como uma deusa ou como um eterno adolescente, uma ótima mãe, um príncipe, um escravo ou um servo do divino. Você pode preencher sua história de vida com riqueza ou pobreza interior, com pecados e lutas, alegria e redenção. Você pode se comportar como vítima ou como companheiro, como burro de carga ou como sábio, cuidador, alma perdida, solitário, artista ou aventureiro. A neuroplasticidade pode até mesmo reconectar seu cérebro.

Dar um passo para trás. Reconhecer as funções e os estilos em comum. Aproveitar mesmo os mais difíceis e tristes. Trazer um pouco de perspectiva e humor. Você não se resume a esses papéis. Está além deles. Mesmo seu corpo, com o prazer e a dor, o envelhecimento e a doença, não o limita. Uma pessoa com deficiência física não é definida por seu corpo, sua idade, sua doença ou sua dor. Ainda escuto a voz de um homem tetraplégico em um seminário espiritual: "Não sou o meu corpo. Aleluia!" Anne Morrow Lindberg observou: "O espírito coloca o corpo no altar." Sua personalidade é maior do que as formas de seu corpo e sua mente, em constante mudança.

Interexistindo: você não está sozinho

Quando dou aula, levo comigo uma foto de Vedran Smailovic, violoncelista da Orquestra Sinfônica Nacional iugoslava, tocando nas ruínas da Biblioteca Nacional de Sarajevo. Na guerra dos anos 1990 entre a Bósnia, a Sérvia e a Croácia, a antiga cidade de Sarajevo foi sitiada pelo Exército sérvio durante três anos. Apesar dos morteiros diários e dos franco-atiradores, Vedran vestia seu smoking, pegava uma cadeira dobrável e tocava seu violoncelo. Exibiu-se nos mesmos lugares onde caíram bombas e pessoas morreram, para que o povo não deixasse de ter esperança. Como Vedran, ao se lembrar de quem é, você pode encontrar dignidade mesmo entre as ruínas de sua vida.

Se você perdeu dinheiro ou a fé, se está doente ou um parente sofre por causa de uma doença ou dependência, ou se uma criança está em perigo, você não está sozinho. Você está compartilhando o inevitável sofrimento da encarnação humana. Neste mesmo dia, centenas de milhares de outros também estão lidando com a perda de dinheiro, um novo diagnóstico ou segurando no colo um filho doente, às vezes sozinhos, às vezes pedindo ajuda. Respire com eles e considere a dor deles como sua, bem como a coragem e a compaixão com que enfrentam suas tragédias pessoais.

Duas mulheres em cidades vizinhas no norte do Canadá foram forçadas a sair de casa durante uma forte tempestade. Uma estava levando a filha grávida ao hospital, a outra estava indo cuidar do pai doente. Elas pegaram a mesma estrada vindo de direções opostas, em meio a ventos fortíssimos e nevascas. De repente, ambas se viram obrigadas a parar, cada uma de um lado de uma gigantesca árvore caída que bloqueava a estrada. Em poucos minutos, compartilharam suas histórias, trocaram as chaves e seguiram em frente, uma no carro da outra, conseguindo assim terminar as viagens.

Quando você se abre além do ego, percebe que os outros são parte de sua família ampliada. Sylvia Boorstein, uma colega muito sábia, contou que nas sinagogas judaicas há uma cerimônia anual para os parentes de homens e mulheres que morreram no Holocausto ou estão enterrados em covas anônimas. Muitas pessoas se levantam para o kadish. Tendo ido ao templo nesse dia, Sylvia escreveu: "Olhei para as pessoas em pé e pensei: 'Será que todas são sobreviventes diretas?' Então percebi que todos nós somos e me levantei também."

Se consigo afastar o ego, não *estou* conectado com o *mundo exterior*. Somos *nós, interexistindo*. Nesse lugar, mesmo a compaixão é irrelevante.

Todo mundo ganha

Gandhi disse: "Quando uma pessoa ganha, o mundo inteiro ganha. E, se uma pessoa perde, o mundo inteiro perde na mesma medida." Se você aquieta a sua mente e abre o seu coração, fica óbvio quem você é: alguém interdependente de tudo; você é a vida se autoconhecendo por meio de seu corpo e de seus sentidos, florescendo, aparecendo e reaparecendo. Não há como detê-lo. Homens e mulheres sábios, xamãs e santos vivem dentro desse conhecimento. Mesmo quando eles duvidam do próprio valor, voltam-se para esse mistério.

Sempre amei o relato de Alce Negro, o adorado curandeiro Sioux cuja história emocionante é contada no livro de John Neihardt *Black Elk Speaks* (Alce Negro fala). O último capítulo narra a caminhada final de Alce Negro até o pico Harney. O homem santo Sioux explicou para Neihardt que, quando a morte se aproximava, um Lakota subia essa montanha sagrada para saber se o Grande Espírito aprovara sua vida. A chuva encharcava aqueles que recebiam a bênção do Grande Espírito.

Quando jovem, Alce Negro teve uma visão sobre como salvar o seu povo e sua terra dos soldados e colonos. Ao longo de toda a sua existência ele se esforçou para concretizar essa visão e restaurar o arco sagrado da vida. Mesmo superando circunstâncias trágicas, ele sentiu que tinha falhado e que o arco sagrado se quebrara. No dia da subida, Alce Negro era um idoso. Usava um macacão vermelho, mocassins, pintura de guerra e um cocar de penas. Ele caminhou devagar e com esforço, alheio aos turistas que o observavam. Neihardt o provocou, dizendo que deveria ter escolhido um dia com pelo menos uma nuvem no céu, mas Alce Negro o repreendeu, afirmando que a chuva não tinha nada a ver com o tempo.

No cume da montanha, não muito distante dos turistas, o velho se deitou sob o céu azul. Para sua surpresa, Neihardt viu algumas nuvens pequenas se formarem sobre Alce Negro e uma chuva fina começou a cair. Alce Negro chorou, aliviado. Sentiu que, mesmo não tendo sido bem-sucedido em realizar a sua visão, o Grande Espírito estava reconhecendo que ele tinha se esforçado ao máximo.

Sua vida não é independente da Terra, do Sol e das estrelas, mas sim parte integrante de tudo isso. Com essa compreensão vem a liberdade prazerosa. Confie nela. O adorado místico cristão Thomas Merton tinha saído do claustro de seu mosteiro para ir à cidade. Lá, em uma esquina de Louisville, no Kentucky, sua visão se descortinou:

Na esquina da Fourth com a Walnut, no meio do distrito comercial, fui subitamente dominado pela compreensão de que eu amava todas aquelas pessoas, de que elas eram minhas e eu era delas, de que não podíamos ser desconhecidos uns dos outros, embora fôssemos estranhos totais. Foi como acordar de um sonho de separação, de autoisolamento ilegítimo... Tenho o imenso prazer de ser integrante da raça humana, que encarna a centelha divina. Não há nenhuma maneira de dizer às pessoas que todas andam por aí brilhando como o Sol.

Naquela esquina do centro da cidade de Louisville há um marco formal, uma placa histórica de bronze, única nos Estados Unidos, com essas palavras gravadas comemorando a experiência mística de Thomas Merton. E nos lembrando de que todos os lugares são sagrados.

Liberdade interior e exterior

Eis o paradoxo: você é apenas um em relação ao mistério da vida e tem uma única encarnação. Você colocou um pé no mundo atemporal e outro na identidade individual. Cada um desses mundos oferece a possibilidade de liberdade.

A liberdade exterior permite que um indivíduo viva como escolher: que tenha vida, independência e busque a felicidade, *liberté, égalité* e *fraternité*. Essas liberdades exteriores são tesouros humanos. É uma bênção enorme desfrutar da liberdade de expressão, de religião, de reunião e de viagem, assim como de escolher seu modo de vida e ser tratado com dignidade. É um direito fundamental livrar-se da opressão, da injustiça, da escravidão, da pobreza esmagadora, da tirania econômica e do medo da fome.

Você pode desfrutar de todas essas liberdades, porém centenas de milhões de famílias ao redor do mundo não têm acesso a elas. Essas famílias podem ser oprimidas politicamente, perseguidas por sua etnia ou viver em estado de fome ou doentes. O gosto da liberdade começa onde elas estão. Gandhi declarou: "Para o faminto, a liberdade chega na forma de pão." Para muitos, uma liberdade sensacional seria ter comida ou simplesmente uma oportunidade modesta, direitos humanos básicos ou o fim da guerra, do conflito e do racismo.

A maior bênção é que você pode usar sua liberdade para levar o mesmo benefício aos outros, somando sua liberdade à deles. À medida que sua sensação de liberdade pessoal aumenta, você pode contribuir para o bem-estar do todo, tomando para si a visão de Martin Luther King: "Não somos livres até que todos sejam livres."

Cada pessoa que desperta para a liberdade e para a interdependência pode fazer uma enorme diferença.

Na minha vida, tenho o privilégio de desfrutar de quase todas as liberdades exteriores do mundo. Apesar da criação difícil, com um pai violento e abusivo, cresci em meio a muita abundância, na classe média de um país rico em oportunidades, saúde e educação. Embora isso tivesse me permitido buscar minha liberdade interior em um mosteiro, também aumentou minha preocupação com os outros. A luta pela liberdade exterior e a busca da liberdade interior parecem vir juntas de modo natural. Trabalhei pela reforma das prisões, pela paz em Myanmar, por justiça social, por causas ambientais e pela liberdade na Palestina, no Tibete e em todos os lugares. Foi uma honra.

Em uma visita recente a Washington, D.C., estive no templo do Lincoln Memorial e li as palavras de sacrifício e inspiração inscritas no mármore, nos exortando a "... com maldade em relação a ninguém e com caridade para com todos, fazer todo o possível para alcançar e respeitar uma paz justa e duradoura entre nós e com todas as nações". Meus olhos se encheram de lágrimas pelo peso e o sacrifício que o presidente Lincoln assumiu e pela inabalável liderança moral que demonstrou, tão necessária no mundo de hoje.

Meu amigo Maha Ghosananda, o Gandhi do Camboja, mostrou como isso ainda é possível. O Khmer Vermelho queimou templos e matou milhões de pessoas, inclusive muitas que haviam recebido boa educação, entre elas 19 membros da família de Maha Ghosananda. Um dos poucos monges mais velhos que sobreviveram ao genocídio, Ghosananda construiu templos para as centenas de milhares de refugiados que viviam em campos na fronteira. Quando a guerra perdeu força e os aldeões enfim puderam voltar para casa, Ghosananda lhes disse que não deveriam simplesmente ir de ônibus ou em caminhões. Tinha havido muita tragédia, ele explicou. Seria preciso que voltassem caminhando com ele, cantando orações de bondade amorosa sem cessar e, passo a passo, reclamassem suas terras, seus corações, seu país. Ele liderou pessoalmente caminhadas pela paz cruzando zonas de guerra e caminhos na selva, guiando os refugiados até suas aldeias.

O monge levou grupo após grupo, ano após ano. Enquanto eles caminhavam – em longas filas, tocando sinos e cantando orações de compaixão –, viúvas assustadas saíam de seus esconderijos nos arbustos e soldados de ambos os lados, cansados da guerra, depunham suas armas aos pés de Ghosananda e choravam.

Indicado ao Prêmio Nobel, ele fundou 30 templos. Dominava 15 idiomas e era um partícipe respeitado no processo de paz da ONU. Passava a maior parte do tempo na selva, guiando outras pessoas, caminhando, ensinando e cantando uma verdade simples: "O ódio nunca se cura com o ódio, mas sim com o amor." Mostrou a todos que conheceu que a força do amor pode vencer o ódio. Maha Ghosananda demonstrou que o coração humano pode ser livre independentemente de onde se esteja. Sim, você é vulnerável. Ainda assim, seja qual for a sua luta, é possível caminhar com espírito elevado, generoso e misericordioso.

O vazio é o nosso lar

No mesmo espírito, Vaclav Havel passou de prisioneiro comunista a presidente da Checoslováquia, e a resiliência da ganhadora do Prêmio Nobel Aung San Suu Kyi, de Myanmar, em 17 anos de prisão domiciliar, inspirou pessoas em todo o mundo. Mesmo em períodos de conflitos terríveis ou de tensão financeira, doença ou divórcio, você pode escolher como reagir.

Lembre-se de que, mesmo quando sente medo, desnorteamento ou confusão, uma parte mais profunda de si nunca perde contato com os fundamentos da liberdade. Deixe que o ar fresco acaricie sua pele, entre em seus pulmões e expanda suas noções de tempo e espaço. Experiências são como as ondas no mar, momentos de sua vida aparentemente individual que se elevam e desaparecem. Apesar do sobe e desce das ondas, o mar não ganha nem perde. O que é real não pode desaparecer.

Quando esperava sua primeira filha, Alicia estava com 22 anos e praticava ioga kundalini havia muito tempo. Ela cantava, meditava e fazia exercícios intensos de respiração em várias posturas. Quando as contrações começaram, foi levada para o hospital por uma amiga. Na sala de parto, sem um parceiro presente, as contrações eram fortes e às vezes muito dolorosas. Nas primeiras horas, Alicia ficou assustada. Depois, deixou-se dominar pelo vigor do parto. Sua respiração acelerou-se como a respiração da kundalini, seu corpo se encheu de luz. Sua individualidade como Alicia desapareceu. Ela se tornou todas as mães, todas as mães humanas, as mães dos animais, a Terra, o fluxo de vida. Ficou surpresa.

Alicia havia lido sobre a unicidade e o samadhi em seus livros de ioga. Mas a enormidade dessa experiência a deixou trêmula, transformada, grata. Grata pelo lindo bebê de 3,6 quilos em seu peito. Como a agitação e a respiração rápida continuaram – bem com as luzes interiores – após o parto, os médicos prescreveram Valium para "tranquilizá-la". Mas ela sabia que não era um problema da medicina. O vento tinha escancarado uma porta para o cosmos e ela passaria a vida explorando e incorporando essa compreensão.

Você não é o corpo que muda de forma muitas vezes ao longo da vida. Nem os seus pensamentos ou a sua personalidade. Você é o vasto oceano, a consciência, Aquele que sabe. Sharon Salzberg descreveu um sem-teto implorando a cada transeunte: "Você não me conhece?" De alguma maneira você o conhece, seu apelo ressoando de modo comovente nas profundezas de nosso ser compartilhado.

Na medida em que se identifica com seu corpo, seus sentimentos, seus pensamentos ou intenções, seus papéis, com uma consciência de tempo limitada, você fica ansioso, e sua vida, restrita. A imensidão, solo de onde tudo brota, é a sua casa. Aqui está você, nascido do vazio. Pensamentos e experiências, dias e anos surgem do vazio e então desaparecem. Relaxe e simplesmente se abra. Deixe a mente se aquietar e o coração ficar tranquilo. Locais, sons e pessoas ainda vêm e vão, mas no entorno, tão vasto quanto a galáxia, reinam a perfeição completa e o silêncio profundo. Na mente tranquila, tudo tem o seu lugar – o oceano de lágrimas e a beleza insuportável. No zen, isso é chamado de interação de forma e vazio. Você é a onda, aparentemente separada do oceano profundo, e você é o oceano – profundo, brilhante, lar de bilhões de seres, salgado como as lágrimas e imenso.

Visão

Muitas vezes essa compreensão vem por meio de uma visão, como foi para Ramakrishna, o sábio hindu cujo amor e cuja devoção eram lendários em toda a Índia do século XIX. Ramakrishna costumava se sentar na beira do rio Ganges para rezar durante dias, buscando a revelação do rosto da mãe divina, da deusa criadora da própria vida. Um dia ela se revelou. A superfície da água se encrespou e do rio surgiu uma deusa enorme e linda, com cabelos escuros brilhantes que se confundiam com a água do rio, os olhos como piscinas que contêm todas as coisas. Ao perscrutar os olhos de Ramakrishna, ela abriu as pernas e de sua vagina saiu um grande fluxo de seres nascidos de seu corpo, crianças e animais. Ela virou a fonte de toda a vida. Após um tempo, para surpresa do sábio, a deusa se abaixou, pegou um bebê recém-nascido e começou a comê-lo, o sangue pingando pela boca e escorrendo pelos peitos. Ela, a Criadora, também é conhecida como Ela, a Destruidora. Ela é o feminino divino, a fonte, a continuação e o fim de toda a vida. Ainda olhando nos olhos de Ramakrishna, a deusa lentamente afundou sob as ondas, deixando-o contemplar a realidade misteriosa além do nascimento e da morte.

Os xamãs e os místicos conhecem essa dança eterna. Sua encarnação física tem origem no espírito, é um jogo da consciência. Em um retiro que organizei no Novo México, um homem tinha muita dor no ombro e um sentimento de ansiedade que abriu nele camadas profundas de memórias. Primeiro ele lembrou o trauma de um acidente de carro sem gravidade no ano anterior. Em seguida veio uma memória mais profunda, de uma lesão no ombro provocada por um trabalho na construção civil durante o ensino médio. Então ele se recordou de ter caído em um córrego e ter sido violentamente puxado pelo ombro. Como na hora do parto ele estava na posição pélvica, esse homem reviveu a sensação de ficar com o ombro preso no canal vaginal ao nascer. E, por fim, veio uma imagem vívida de uma vida passada na qual ele era um soldado raso em uma guerra medieval. Seu ombro foi atingido por uma lança e ele morreu na lama. Ele percebeu que sua consciência era o testemunho atemporal de tudo isso.

Quando o sábio Nisargadatta estava com 80 anos, seus discípulos perguntaram se ele tinha alguma preocupação com a morte. "Vocês acham que eu sou esta carne, feita de toda a comida que comi? Vocês acham que eu sou as memórias efêmeras que a carne possui?" Ele riu. "Vocês me insultam. Quem eu sou nunca nasceu e nunca morrerá. Vocês fazem com que seu corpo e sua vida limitada sejam quem são e, com isso, sofrem. Saiam dessa ilusão e vocês verão que são nada e tudo. Serão livres."

"Eu avisei"

Meu pai foi um biofísico que trabalhou com medicina espacial, deu aula em faculdades de medicina e projetou alguns dos primeiros pulmões e corações artificiais. Embora ele fosse capaz de criar uma máquina para o coração, demonstrar suas emoções na vida era algo bem mais complicado. Aprendi cedo que havia uma grande diferença entre a inteligência e a felicidade humanas.

Em sua última semana de vida, sentei-me ao lado dele na unidade cardíaca do Centro Médico da Universidade da Pensilvânia. Ele não conseguia respirar com facilidade; sentia uma falta de ar constante, mesmo quando o oxigênio estava ligado no máximo. Teve insuficiência cardíaca congestiva aos 75 anos, depois de várias internações e de um ataque cardíaco massivo 10 anos antes. Ele foi um pai difícil, paranoico, cientista workaholic com um temperamento explosivo, agressivo com a família e crítico com todo mundo. Demorei anos para entender isso e enfim fiquei em paz com ele. Portanto, simplesmente me sentei, ouvindo-o respirar.

De tempos em tempos ele falava sobre a própria vida ou sobre a minha, muitas vezes com uma análise interesseira e reescrevendo a história. Senti seu medo nas conversas telefônicas e essa sensação aumentou quando me sentei ao lado dele. Meu pai estava com medo de morrer. Não dormia havia dias e estava quase delirante. Como biofísico e professor de medicina, ele entendia tudo sobre o equipamento de monitoramento cardíaco agora conectado ao seu coração. Toda vez que começava a dormir, acordava assustado depois de alguns minutos e rapidamente torcia o corpo para verificar os monitores. Seu coração ainda batia? Seu medo era que iria morrer e nenhuma das enfermeiras perceberia até que fosse tarde demais.

Foi difícil vê-lo tão impotente e assustado. Fiz a meditação da bondade amorosa enquanto estava ali, envolvendo meu pai, a mim e o mundo inteiro em compaixão a cada respiração. Decidi ensinar-lhe a meditar, na esperança de que isso diminuísse sua ansiedade. Pedi que relaxasse, que respirasse suavemente, mas ele não conseguia, nem mesmo um pouquinho. Isso o deixou ainda mais aflito. Então tentei um exercício simples de bondade amorosa. Pedi que ele visualizasse cada um de seus netos e usasse uma frase de afeição, desejando o melhor para eles e oferecendo uma oração. Ele tampouco conseguiu fazer isso, pois estava muito preocupado e distraído. Depois de sete décadas exercitando a paranoia, era um pouco tarde para aprender a meditar. Então apenas conversamos.

Perguntei o que ele acreditava que acontece quando a gente morre. "Nada", disse ele. "Quando seu corpo morre, você vai para o nada e suas cinzas se misturam com a terra, isso é tudo." Ele era um cientista, um materialista e basicamente um ateu. Então contei a ele sobre as minhas experiências extracorpóreas, as memórias de vidas passadas e o atendimento a pessoas que estão morrendo. Lembrei a ele que a maior parte das culturas do mundo, inclusive os xamãs e santos, os homens e as mulheres sábios, entende que há vida após a morte. Por milênios, aqueles que exploraram o mundo interior descobriram que você não é simplesmente um corpo, mas também espírito. Quando o corpo morre, seu espírito é libertado. "Como você é um cientista", sugeri, "por que não olhar para o morrer como um experimento?" Continuei falando com alegria: "Pode muito bem acontecer o seguinte: quando você morrer, como seus sentidos estarão desligados, você se perceberá flutuando fora de seu corpo, entrando em um mundo de luz." Ele balançou a cabeça, duvidando. "Bem, se isso acontecer, lembre-se de que eu avisei!", eu disse. Ele riu.

Perto da meia-noite, depois que os visitantes de outros pacientes foram embora, eu disse a ele que precisava dormir e estaria de volta pela manhã. "Espere", pediu ele. "Não vá." Fiquei um pouco mais. Exausto, ele começou a adormecer. Dois minutos depois, acordou sobressaltado e se contorceu, temeroso, para verificar seus sinais vitais no monitor. Então me olhou. "Não consigo dormir. Por favor, fique." Fiquei feliz em ficar. Eu tinha aprendido a meditar sentado. Ele continuou adormecendo e despertando durante horas. Toda vez que ele acordava, pedia que eu ficasse mais tempo. "Por favor, não vá ainda." Pela primeira vez desde que eu era um garotinho, ele me deixou segurar sua mão. Ele estava com medo. Ele não queria saber sobre meditação. Não queria imaginar sua morte iminente. Não queria sequer falar. O que importava era apenas eu sentar junto dele lá, não ter medo e tocá-lo.

Talvez isso seja tudo que podemos fazer pelos outros: confortá-los com bondade e com a nossa presença. O que podemos oferecer são a fé e a confiança que temos na vida. A liberdade de espírito foi o que ofereci ao meu pai. Originada na consciência amorosa, misteriosa, magnífica e simples, ela está sempre aqui, disponível.

Prática

Aberto para o mistério

Você pode vivenciar o mistério onde quer que esteja, com um espanto curioso e disponível. Aqui está você, neste planeta incrível, nesta galáxia em forma de espiral, com o idioma, o amor e um convite para conhecer o mistério.

- Deite-se na grama numa noite quente e estrelada. Imagine que você está no fundo do mundo em rotação (na verdade, não há parte superior ou inferior), sustentado pela gravidade. Olhe para o infinito mar de estrelas.
- Prenda a respiração por um minuto ou mais. Sinta como seu corpo finalmente insiste em respirar. Respire sempre, vivendo com o ar que varre o topo das montanhas, atravessa os oceanos e passa pelos pulmões do veado, as folhas de carvalhos e bordos, os motores de automóveis e o Polo Sul. Sinta como você faz parte da respiração terrestre.
- Pergunte a si mesmo: como você chegou aqui nesta vida humana? O que é a mente? O que é o amor? O que acontecerá no próximo mês? Quando você vai morrer? O que é a morte? De onde vêm as estrelas? Como será o mundo humano em 25 anos?

  Faça uma pausa depois de cada pergunta e deixe a sensação de "não sei" iniciá-lo no mistério. Relaxe e desfrute do mistério; aceite o mistério enorme que envolve você e sustenta toda a vida. Você é o mistério vendo a si mesmo.
- Contemple o mistério do seu corpo. Os trilhões de padrões de conexões sinápticas em seu cérebro, os 100 trilhões de bactérias em seu intestino. Seu fígado está processando 1 milhão de reações complexas neste momento, seu corpo está inundado de fluidos, sangue, linfa, bile, urina e fluido espinhal, tudo em movimento como a infraestrutura de Manhat-

tan. Todos esses sistemas estão colaborando em uma dança misteriosa para proteger sua vida.
- Olhe nos olhos de uma criança pequena. Veja a criança do espírito, o mistério nascido nessa nova forma. De onde ela veio? O que será dela?
- Pegue uma colher de chá de terra. Ela tem 1 bilhão de bactérias, milhões de fungos, centenas de milhares de microartrópodes, milhares de protozoários e nematoides. Mais vida em uma colher do que em todos os outros planetas combinados.
- Vá ao cemitério. Reflita sobre a morte.
- Acesse um site de encontros. Considere o desejo e o amor.

Prática

Como eu

Este é um exercício para ser feito em pares ou em grupo, com uma pessoa lendo estas palavras em voz alta para seus pares. É possível também acessar o site jackkornfield.com e fazer um download gratuito com a minha voz lendo isto para você.

Sente-se diante de outra pessoa. Pode ser alguém que você conhece bem ou um colega do trabalho ou da escola.

Olhe o outro intensamente, de maneira compreensiva. Se sentir algum nervosismo, vontade de rir ou se ficar tímido, basta observar esse constrangimento com paciência e gentileza e voltar a olhar para o seu parceiro quando puder. É notável ver verdadeiramente um ao outro nesse mistério.

Ao olhar com atenção, perceba a consciência por trás desses olhos. Contemple cada frase ao ouvir isto:

Esta pessoa está encarnada em um corpo, atravessando a vida como eu.

Esta pessoa já foi uma criança pequena, uma criança pequena e vulnerável, assim como eu.

Esta pessoa teve momentos felizes em sua vida, assim como eu.

Esta pessoa é criativa, assim como eu.

Esta pessoa amou alguém, assim como eu.

O coração desta pessoa foi magoado, assim como o meu.

Esta pessoa teve sua cota de tristeza e sofrimento, assim como eu.

Esta pessoa foi ferida e decepcionada, assim como eu.

Esta pessoa ficou confusa diante da vida, assim como eu.

Esta pessoa ajudou outros, assim como eu.

Esta pessoa será jovem e velha, amiga e inimiga, assim como eu.

Esta pessoa conhece a dor física, assim como eu.

Esta pessoa tem arrependimentos, assim como eu.

Esta pessoa quer ser amada, assim como eu.

Esta pessoa quer se sentir segura e saudável, assim como eu.

Olhe com intensidade. Atrás desses olhos está o espírito original, nascido em cada um de nós.

Imagine os momentos mais felizes dessa pessoa quando criança, rindo, brincando em tempos alegres.

Eu sei que esse filho do espírito ainda está em você, assim como em mim.

Desejo que você seja feliz e que sua alegria aumente porque sei que você quer ser feliz, assim como eu sou.

Desejo que você tenha força e apoio em sua vida, de modo que possa fazer o que é melhor para você e oferecer seus talentos a si mesmo e ao mundo, assim como eu fiz.

Desejo-lhe bênçãos e coragem, amor e compaixão, porque você é um ser humano precioso, assim como eu.

Capítulo 15

A alegria de estar vivo

*De tempos em tempos convém
interromper a sua busca da felicidade
e simplesmente ser feliz.*
– GUILLAUME APOLLINAIRE

Depois que Pete, o filho de Yolanda, foi morto, ela acordava todas as noites e chorava, prisioneira de sua tristeza e seu remorso. No primeiro aniversário da morte do filho, acendeu uma vela em memória dele antes de ir para a cama. Quando estava adormecendo, Pete veio até ela em uma visão. Ele brilhava como um espírito de luz. "Mãe", ele disse, "não quero vê-la assim, vivendo com o coração tão pesado. Eu te amo tanto, mas foi meu tempo. Isso é algo sobre o qual você não pode fazer nada. Por favor, mãe, volte a viver e eu estarei com você."

Yolanda chorou lágrimas de libertação e alívio, e seu coração cansado se tranquilizou. Ela ficou em silêncio por horas, pensando em Pete, na própria vida e nos bons anos que tiveram, deixando que a mensagem luminosa do filho a tocasse repetidas vezes. De manhã, acordou renovada. A vida era preciosa novamente. "Decidi recomeçar. Agora carrego o espírito de Pete comigo. Eu trabalho, planto meu jardim, viajo e cuido da família e dos outros com o coração alegre. As pessoas agora querem estar ao meu redor. Veem que sempre é possível começar de novo."

Felicidade sem causa

O amado poeta zen do Japão Ryokan era conhecido por ser despretensioso e sábio. Como São Francisco, ele era amante das coisas simples, das crianças e da natureza. Em seus poemas, escreveu abertamente sobre suas lágrimas e a solidão durante as longas noites de inverno, sobre seu coração radiante com as flores da primavera, suas perdas, seus arrependimentos e sobre a profunda confiança que aprendeu a ter. Suas emoções fluíam livremente, como as estações do ano. Quando as pessoas perguntavam sobre a iluminação, ele lhes oferecia chá. Quando ia à aldeia pedir esmolas e oferecer ensinamentos, muitas vezes acabava brincando com as crianças. Sua felicidade vinha de uma paz profunda consigo mesmo.

Chega de pedir esmolas por hoje: nas estradas
Vagueio pela lateral do santuário budista
Falando com algumas crianças.
No ano passado, um monge tolo.
Este ano, nenhuma mudança!

Somos humanos, nem mais nem menos. Quando aceitamos a nossa humanidade, pode ocorrer uma mudança notável. A ternura e a sabedoria surgem naturalmente. Se antes buscamos força sobre os outros, nossa verdadeira força agora é a nossa. Se antes procuramos nos defender, agora podemos rir. Abrir espaço para nossa vulnerabilidade e nossas necessidades esconde uma grande coragem. A felicidade e o amor vêm de modo espontâneo quando deixamos de lado a postura de tentar ser quem não somos, ou quem pensamos que deveríamos ser. A alegria jorra em nós como água de nascente e se espalha por todo o nosso ser.

Quicando de alegria

Como ícone mundial, o Dalai Lama atrai dezenas de milhares de pessoas para suas palestras. Sim, elas vêm pelos ensinamentos tibetanos e porque apoiam a maneira compassiva e não violenta pela qual o Dalai Lama busca superar a perda da liberdade e da cultura de seu país. Mas acho que, acima de tudo, as pessoas querem ouvir seu riso. Querem ver seu sorriso fácil e escutar sua risada encantadora, que traz lágrimas aos olhos dele e dos outros.

Quando o Dalai Lama ofereceu os solenes ensinamentos de Kalachakra no Madison Square Garden, seus anfitriões colocaram um acolchoado sob o brocado de seu "trono" e um lindo tapete tibetano bordado, para que ele ficasse confortável. Enquanto subia os degraus para a plataforma e se sentava em meio ao ressoar de gongos e cânticos tibetanos, ele deu um pulinho. Surpreso, sorriu e deu outro pulo, e mais um. Lá estava ele, prestes a ministrar os mais altos ensinamentos tibetanos sobre a criação do cosmos e a libertação do tempo, num trono diante de milhares de pessoas, e, no entanto, brincava como uma criança. Como um homem que testemunhou tanto sofrimento é tão alegre? "Eles levaram os textos sagrados de nossos templos, colocaram nossos monges na prisão, tiraram tanto do povo tibetano", diz ele. "Por que eu também deveria deixar que tirassem a minha felicidade?"

A psicologia budista nos encoraja a desenvolver as melhores capacidades do bem-estar humano. Ela descreve dezenas de tipos de alegria e felicidade, que incluem alegria sorridente, alegria emocionante, alegria instável, alegria cheia de luz, alegria energética, alegria pela beleza do mundo, felicidade profundamente silenciosa, felicidade corporal, felicidade do bem-estar mental e a inabalável felicidade do coração. Buda instrui seus alunos a encontrar a alegria em todos os lugares:

Viva com alegria, com amor,
mesmo entre aqueles que odeiam.
Viva com alegria, com saúde,
mesmo entre os angustiados.

Viva com alegria, em paz,
mesmo entre os perturbados.
Livre do medo e do apego,
Conheça a doce alegria do Caminho.

Mesmo neste mundo difícil, não hesite em rir e amar e em se divertir e divertir os outros! Dentro de você nasceu a *joie de vivre*, o grande coração da vida que quer comemorar. Confie nisso.

Gratidão

Quando eu tinha 8 anos, fui diagnosticado com poliomielite e levado ao hospital da Faculdade de Medicina da Universidade de St. Louis, onde meu pai dava aula. Eu estava com febre alta e parcialmente paralisado. O velho prédio de madeira do hospital rangia e era escuro à noite; me parecia assustador estar lá, febril, incapaz de me mover. Relembro a dor das punções na coluna com uma enorme agulha de cavalo e sem anestesia. Da janela eu podia ver um pequeno gramado e sonhava em escapar.
    Inesperadamente, depois de algumas semanas os sintomas desapareceram. Fiquei muito grato. Lembro quando fui levado para casa. Assim que pude, fui até o parquinho a um quarteirão de casa e rolei na grama como um cachorro, depois comecei a dançar e a pular, pois estava muito feliz por conseguir andar e me movimentar. Eu estava muito agradecido. Senti a alegria da vida e a felicidade de estar exatamente onde eu estava.
    Todos nós enfrentamos dificuldades, mas como as superamos? Toda nova etapa da vida nos coloca diante dessa pergunta. Quando meu longo casamento terminou, fiquei arrasado e desanimado. Deixei uma linda casa e me mudei para a minha cabana de escritor, que tinha um quarto, e senti que, ao chegar aos 65 anos, minha vida estava quase acabada. Ter que escrever um novo testamento evidenciou ainda mais a sensação de fim da vida. Embora eu ainda estivesse dando aulas e escrevendo, não sabia mais o que fazer comigo.

Meditei, abri espaço interior e esperei. Depois de uma fase solitária, pensei em namorar, mas a ideia de sair com alguém parecia estranha e horrível. Mesmo assim tentei, e tive alguns encontros constrangedores. Durante todo esse período eu continuei ensinando, e uma de minhas colegas favoritas era Trudy Goodman. Tínhamos uma parceria tranquila e divertida quando trabalhávamos juntos. A profunda espiritualidade dela funcionou como um remédio, justo o que eu precisava. Conversamos mais e nossa conexão tornou-se mais amorosa e divertida.

Aos poucos eu me lembrei de que nunca é tarde para recomeçar. Então começamos, de maneira tímida, a ficar juntos.

Com o tempo eu me senti preparado para deixar o passado para trás e recomeçar do zero. Isso deu início a uma vida completamente nova para mim. Começamos a viajar, a dar aulas e nos apaixonamos. Como Trudy tem uma das personalidades mais alegres que conheço, a alegria dela me conquistou. Ela ri com facilidade, topa aventuras extravagantes e se entusiasma com quase qualquer coisa. Rimos de como é maravilhoso estar juntos, recém-casados aos 70 anos, e estamos gratos pelo tempo que temos. Voltei a ser alegre. Você também pode reconquistar sua alegria.

Debra Chamberlin-Taylor, uma amiga e colega, contou a história de uma ativista comunitária que participou de seu treinamento de um ano para trabalhar com mulheres negras. Essa mulher teve uma infância pobre, marcada por traumas e abusos. Enfrentou a perda de um dos pais, doenças, o divórcio precoce após um casamento difícil e o racismo enquanto criava dois filhos sozinha. Ela falou para o grupo sobre sua luta por uma boa educação e pelas causas em que acreditava; falou também sobre como, desde que se formou na Universidade da Califórnia em Berkeley, ela se tornou uma voz radical na defesa das vítimas de abuso que não tinham representação nas políticas locais e nacionais. Na última reunião do grupo, anunciou: "Depois de todas as lutas e dificuldades que enfrentei, decidi fazer uma coisa *realmente* radical. Vou ser feliz!"

Coração puro

Jasper foi rotulado de criança com síndrome de Down. No caso dele, seus pais explicaram, teria sido mais adequado chamar de "síndrome da animação". Toda manhã, quando acordava, ele corria até a cama dos pais e pulava em cima deles com um alegre "Feliz dia!". Jasper se apresenta a todo mundo com o coração aberto e abraça quem passa na sua frente. As pessoas costumam chamar sua condição de "retardo". Pais de crianças parecidas recomendaram que os pais de Jasper refreassem seu hábito de abraçar, para evitar que o menino virasse alvo de molestadores. Eles discordaram, pois sabiam que a natureza carinhosa de Jasper era seu dom.

Um dia, Jasper e seus pais estavam descendo a rua e o garoto saiu correndo na frente deles. Tinha quase 12 anos na época, mas era muito pequeno. Um homem com a cara zangada, cheio de tatuagens e piercings, caminhou na direção dele e a mãe de Jasper ficou apreensiva. Mas era tarde demais: o garoto olhou para cima, sorriu e abraçou as pernas do sujeito, gritando: "Oi, você!" O sujeito com cara de durão parou e acariciou o cabelo de Jasper, e então a mãe viu um sorriso inocente surgir no rosto do homem mal-encarado. Jasper tinha feito sua mágica outra vez.

Você pode reaprender a ser feliz e retomar contato com a pureza do seu coração. Mesmo se estiver enfrentando dificuldades – uma emergência no trabalho, um familiar no hospital ou uma obrigação urgente –, reserve um tempo para respirar e fazer uma pausa e toque o seu coração.

Crie o espaço para a sua resposta mais gentil e natural em lugar do medo e da tensão que muitas vezes controlam a mente.

A neurociência explica por que isso requer prática. Seu cérebro está conectado a uma tendência negativa – a evolução o programou para primeiro procurar os perigos, identificar potenciais ameaças e buscar proteção. A felicidade também é inata, mas, para de fato incorporá-la, você precisa treinar-se para focar momentos de bem-estar e alegria, que devem ser evocados, promovidos e valorizados. Como o poeta Rumi explicou: "Quando vai a um jardim, você olha para os espinhos ou para as flores? Passe mais tempo com as rosas e os jasmins." Há um exercício ótimo para o cultivo da alegria. Como nas práticas de amor e compaixão, a do cultivo da alegria usa frases simples e sinceras, ditas com as suas melhores intenções. Comece lembrando-se de alguém com quem você se preocupa, alguém por quem seja fácil se alegrar. Imagine o dia mais feliz dessa pessoa quando era uma criança pequena, seu espírito inato e lindo. Sinta a alegria natural que invade você ao pensar no bem-estar dela, em sua felicidade e seu sucesso. A cada respiração, ofereça sua gratidão e seus sinceros desejos:

Que você seja alegre.
Que sua alegria aumente.
Que você não seja privado de grande felicidade.
Que a sua sorte melhore e que surjam mais motivos para sua alegria
　e sua felicidade.

Observe a alegria receptiva e a atenção em cada frase. Quando sentir algum grau de alegria por esse ente querido, estenda o exercício a outra pessoa de quem você gosta. Repita as mesmas frases simples que expressam a intenção do seu coração.

Então, aos poucos, abra a meditação para outros entes queridos e benfeitores. Depois que a alegria por eles aumentar, inclua a si mesmo. Deixe que esse sentimento preencha seu corpo e sua mente. Continue reforçando a intenção de alegria, mesmo que apareçam resistências e dificuldades, até sentir uma alegria estável. Em seguida, você pode incluir outros amigos, entes queridos, pessoas neutras, pessoas difíceis e até inimigos, até estender esse sentimento receptivo a todos os seres, jovens e velhos, próximos e distantes.

Pratique a ênfase na alegria até que o esforço deliberado do exercício diminua gradativamente e as intenções da alegria se misturem à alegria natural de seu próprio coração sábio.

Você merece a felicidade

Talvez você tenha medo da felicidade, ou sinta que por alguma razão não a merece. Você se tornou leal ao seu sofrimento. Sim, é preciso cuidar de seu sofrimento e do sofrimento do mundo de maneira honrosa. Se uma criança doente o manteve acordado a noite toda, ou se você se envolveu em um acidente, ou está lidando com alguém difícil, envolva o sofrimento em ternura – responda com compaixão e luto, cure o que for possível. Mas o sofrimento não é o fim da história.

Vi crianças órfãs em campos de refugiados desoladores brincando alegremente com carros de corrida feitos de palitos e latas de leite condensado, seus espíritos livres de amarras. Vi Maha Ghosananda, que perdeu tanto nos campos de extermínio do Camboja, sorrir com amor, nunca deixando a tragédia vencer seu espírito. André Gide, que ganhou o Prêmio Nobel de Literatura, escreveu: "Saiba que a alegria é mais rara, mais difícil e mais bonita do que a tristeza. Uma vez que você faça essa descoberta tão importante, deve abraçá-la como uma obrigação moral."

E o sofrimento do mundo? Como *ousamos* ser alegres diante de tanta tristeza? Em seu poema "A Brief for the Defense" (Um resumo para a defesa), o poeta Jack Gilbert respondeu:

*Tristeza por todo lado. Matança em todos os lugares. Se os bebês
não estão morrendo de fome em algum lugar, estão morrendo de fome
em outro lugar. Com moscas em suas narinas.
Mas nós gostamos de nossas vidas porque é isso que Deus quer.
Caso contrário, as manhãs antes do amanhecer de verão não seriam
tão agradáveis. O tigre de Bengala não seria
tão bem adaptado. As pobres mulheres
na fonte estão rindo juntas, entre o sofrimento
que conhecem e o horror em seu futuro,
sorrindo e gargalhando enquanto alguém na vila está muito doente...
Se negarmos nossa felicidade, resistirmos à nossa satisfação,
diminuiremos a importância de sua privação.*

Devemos arriscar o deleite. Podemos fazer sem prazer,
mas não sem deleite. Sem alegria. Devemos ter a teimosia
de aceitar nossa alegria na fornalha implacável deste mundo.
Transformar a injustiça na única medida de nossa atenção
é louvar o Diabo.
Se a locomotiva do Senhor nos atropelou, devemos agradecer que o fim
teve grandeza. Devemos admitir que haverá música apesar de tudo.

Quando você é leal ao seu sofrimento, mergulhado em sua dor e em seu trauma, ele pode oferecer um senso familiar de identidade, de significado e de propósito. Talvez você não conheça a si mesmo sem o seu sofrimento. Porém, quando você o liberta, essa atitude pode abrir a porta para a dignidade, a compaixão e para mais liberdade. Você é maior do que suas mágoas.

Maravilhoso!

Embora todos nós desejemos ser felizes, muitas vezes não sabemos como chegar lá. Mesmo atos autodestrutivos, como compulsões, violência ou suicídio, podem ser esforços equivocados para reduzir a dor. A felicidade convida você a olhar para além da sua história dolorosa. Sinta a brisa quando estiver ao ar livre. Alison Luterman nos instruiu a perceber como ser felizes: "O sol desenrola um cachecol amanteigado sobre o seu rosto, a rosa se abre para o seu olhar e a chuva compartilha sua melancolia divina. O mundo inteiro continua sussurrando ou gritando para você, mordiscando sua orelha como um amante negligenciado."

Às vezes, quando precisa de ajuda, você pode pegar carona no espírito de felicidade de outra pessoa. Martina era médica e administradora do hospital de uma faculdade de medicina. Por causa de seu trabalho, muitas vezes ia até a lanchonete. Lá, conheceu Annabelle, uma haitiana que tinha trabalhado na cozinha da cafeteria por 25 anos e agora, aos 60 e poucos anos, estava tomando conta dos sete netos. Pequena e forte, Annabelle tinha vivido dificuldades e perdas, mas, a cada vez que

Martina lhe perguntava como estava passando, ela virava o rosto com um sorriso brilhante e dizia não apenas "Tudo bem", "Bem" ou mesmo "Ótimo", e sim *"Maravilhoso!"*. Era uma expressão audaciosa e verdadeira. Dava para sentir essa verdade. Na cozinha banal da cafeteria, o trabalho duro sem fim e a vida áspera eram "maravilhosos". Para Martina, a voz de Annabelle tornou-se um sino de consciência transformando o mundo. Sempre que se sentia frustrada ou desolada, ela sorria como Annabelle e dizia a si mesma: *"Maravilhoso!"*

A felicidade é seu direito de nascença. Você nasceu radiante, filho da Terra, inocente, aberto e cheio de maravilhas. Como descreveu Emerson, nós chegamos "trilhando nuvens de glória". Depois, você se descobre encarnado e vulnerável e, inevitavelmente, experimenta a plena medida do prazer e da dor da vida. Percorrer esse território é ao mesmo tempo o desafio e a bênção da vida humana.

A felicidade mais profunda também está disponível para você, como uma fonte além do seu medo. Ela flui do rio criativo do mistério da vida. É por isso que viúvas de 90 anos plantam pequenas flores em jardins primaveris e crianças de 10 anos que têm pouco que comer cuidam de gatinhos vira-latas. É por isso que pintores ficam cegos pintando mais e compositores ficam surdos escrevendo sinfonias requintadas. Ao se entregar à vida, o rio da vida flui através de você e se renova.

Está nas suas mãos

No final, aconteça o que acontecer, você pode ser feliz. Às vezes você se lembra da felicidade por conta do sorriso de Annabelle, às vezes por valorizar o que tem. Quando seu parco sentido de identidade está vulnerável, traumatizado e ameaçado pela vida, a felicidade corre perigo, fica restrita. Sim, você estará sujeito às vicissitudes da vida, mas muitas vezes uma experiência terrível não é tão devastadora como imaginou que seria. Você pode começar de novo, aqui e agora. Deixe a mente em silêncio e o mistério da vida oferecerá seus dons em troca. Essa felicidade nasce exatamente onde você está.

A. Dioxides escreveu sobre as lições de vida que ele aprendeu com um velho em uma taverna de Atenas:

Noite após noite, ele sentou sozinho na mesma mesa, bebendo vinho e executando os mesmos gestos. Finalmente perguntei por que fazia isso e ele explicou: "Jovem, primeiro olho para o meu copo para agradar aos meus olhos, depois seguro o copo para agradar à minha mão. Na sequência, trago-o até o nariz para agradar às minhas narinas e, bem quando estou prestes a levá-lo aos lábios, escuto uma voz nos meus ouvidos: 'E quanto a mim?' Coloco, então, o copo na mesa antes de beber o líquido. Assim satisfaço todos os meus sentidos. E, quando eu bebo, bebo com todo o meu ser.

À medida que sua atenção amorosa aumenta, você pode cuidar de si e do mundo com mais atenção, promovendo alegria e bem-estar. Aprendi com uma amiga, uma das principais escritoras dos Estados Unidos, algo sobre o autocuidado. Ela daria uma palestra em um evento beneficente que duraria o dia inteiro, organizado por uma admirada instituição não governamental. No entanto, estava doente, febril, com um vírus forte. Minha amiga conseguiu ir ao evento, ler e ensinar um pouco; então voltou para casa. Mais tarde, explicou que tinha que cuidar de si mesma, pois ninguém mais poderia fazer isso. Mesmo que os participantes fossem simpáticos, ela disse, mais tarde iriam para casa e conversariam sobre como era ver uma escritora mundialmente famosa dando aula mesmo muito doente. Sim, eles estavam interessados e preocupados. "Mas, se eu morresse lá, as pessoas iriam para casa com a história: 'Uau, eu estava lá quando ela morreu!'"

Ninguém pode cuidar da sua vida por você. Está em suas mãos e no seu coração. Você é sempre convidado, e obrigado, a encontrar o próprio caminho.

Uma diretora de escola que morava no distrito de Tenderloin, em São Francisco, gostava de preparar sanduíches para os sem-teto. Durante muitas horas depois do trabalho, se não estivesse cansada, ela tinha prazer em fazer a comida e saía para distribuí-la nas ruas. Não se importava se agradeciam ou se, às vezes, recusavam o sanduíche: estava fazendo o que achava certo. Depois de algum tempo, a mídia local descobriu esse trabalho voluntário e a diretora se tornou uma celebridade em sua área. Inspirados em seu trabalho, outros professores e colegas começaram a enviar dinheiro para sua missão. Surpreendentemente, todos receberam o dinheiro de volta com um bilhete breve: "Façam os seus próprios sanduíches."

No caminho da gratidão

Benjamin Franklin gostava de refletir todos os dias sobre a felicidade que sentia praticando a temperança, o silêncio, a ordem e outras virtudes que valorizava. Naikan, uma prática japonesa de autorreflexão, enfatiza a revisão de sua vida e o caminho da gratidão. Quando Aung Sang Suu Kyi foi libertada após 17 anos de prisão domiciliar, senti por ela a mesma felicidade solidária que senti ao ter alta do hospital em St. Louis. Quando ela saiu de sua casa como uma pessoa livre, sua dignidade, graça e beleza eram palpáveis. Ela mostrou inacreditável gentileza, bom coração e clareza de mente. Suu Kyi parecia alegre e muito presente, como se tivesse acabado de sair de um longo retiro, o que, de fato, tinha acontecido.

Imagine receber um telefonema do seu médico: "Seus exames não estão muito bons, você precisa vir aqui para conversarmos sobre isso." Sua mente voa: você tem uma doença grave. Porém, mais tarde, acaba descobrindo que o diagnóstico estava errado. Você diz então: "Ai, meu Deus, obrigado por devolver a minha vida, é maravilhoso estar vivo." Isso é gratidão. Isso é felicidade. Essa é a consciência atenta, a consciência amorosa – ser capaz de caminhar, respirar, estar vivo, grato pela bela e indisciplinada dança da vida. A gratidão não depende do que você tem. Depende do seu coração. Você pode sentir gratidão até mesmo por sua cota de tristezas, pelas cartas que recebeu do jogo da vida. Há mistério em torno de suas dificuldades e seus sofrimentos. Às vezes é por meio das situações mais difíceis que seu coração aprende as lições mais importantes.

Liberdade e alegria não são deveres implacáveis ou um distanciamento da vida. São a maravilha inata do espírito, as bênçãos da gratidão, as orações de apreciação, a vitalidade do ser. São o coração livre que se regozija com a luz do sol da manhã, com o solo firme e a respiração levada pelos ventos sobre as montanhas. O mundo é um templo, um santuário, banhado mesmo à noite pela luz milagrosa do oceano de estrelas que nunca deixam de nos iluminar. Cada encontro de olhares, cada árvore que perde folhas, cada gosto de framboesa e de pão quente é uma bênção. Essas são as notas sagradas na sinfonia da vida, o convite a descobrir a liberdade, a alegria esplendorosa de um coração livre e amoroso. Elas são suas e de todo mundo que queira compartilhá-las.

Agradecimentos e reverências de gratidão

Para Trudy Goodman, esposa querida, sócia e colega, que tornou a minha vida tão alegre e cheia de amor.

Para Arnie Kotler, amigo e editor mágico, que pegou este manuscrito e o fez cantar.

Para Leslie Meredith, editora sênior e apoiadora, que administrou com cuidado e paciência meus livros e meu trabalho.

Para Sara Sparling, minha atenciosa e fiel assistente, que ajudou em muitas destas páginas.

Para alguns homens especiais: Wes Nisker, Phillip Moffitt, Stan Grof e Michael Meade.

Para o meu incrível círculo de colegas, com quem aprendi muito.

Para meus professores Ajahn Chah, Mahasi Sayadaw, Sri Nisargadatta, Ajahn Buddhadasa, Ram Dass, Kalu Rinpoche, Seung Sahn, Hameed Ali e muitos outros.

Para Caroline, que serve tão lindamente, a filha mais sábia e legal.

Para todos os meus irmãos.

Para saber mais sobre os títulos e autores da Editora Sextante,
visite o nosso site e siga as nossas redes sociais.
Além de informações sobre os próximos lançamentos,
você terá acesso a conteúdos exclusivos
e poderá participar de promoções e sorteios.

sextante.com.br